DE MEXICO

POR LA SUPERACIÓN DEL SER HUMANO Y SUS INSTITUCIONES

Susana M. Delgado Carranco

HISTORIA DE MÉXICO

El Primer Imperio
•
El Segundo Imperio
•
La República Restaurada
•
El Porfiriato

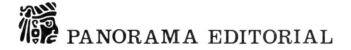

PANORAMA EDITORIAL

HISTORIA DE MEXICO
El Primer Imperio/El Segundo Imperio/
La República Restaurada/El Porfiriato

Derechos Reservados
Copyright © 2004 by Susana M. Delgado Carranco

Portada:
Jorge Peral

Ilustraciones:
José Narro

Primera edición: 2004
Cuarta reimpresión: 2010
© Panorama Editorial, S.A. de C.V.
    Manuel Ma. Contreras 45-B
    Col. San Rafael 06470 - México, D.F.

Tels.: 55-35-93-48 • 55-92-20-19
Fax: 55-35-92-02 • 55-35-12-17
e-mail: panorama@iserve.net.mx
http://www.panoramaed.com.mx

Printed in Mexico
Impreso en México por:
Impresiones Alfa
Lago Managua No. 50 Col. Torre Blanca
11280 - México, D.F., Marzo 2010
ISBN 968-38-1253-8

Índice

1

EL
PRIMER
IMPERIO

Del Ejército Trigarante al Primer Imperio

A gustín de Iturbide, aquel que había sido un destacado militar realista y que después se convertiría en líder insurgente, es uno de los personajes más interesantes de la historia de México, no sólo porque logró consumar la independencia, sino también porque resultó ser el primer gobernante del país.

Iturbide marchó al sur de Nueva España en noviembre de 1820 con la consigna del virrey Juan Ruiz de Apodaca de pacificar ese territorio, aunque también los conspiradores de La Profesa[1] le encargaron lograr la unificación de la insurgencia para obtener la tan anhelada independencia. En un principio, Iturbide se enfrentó a las tropas de Vicente Guerrero sin conseguir derrotarlo, por lo que prefirió negociar con él. A principios de 1821 escribió sendas cartas donde instaba al líder mulato a unírsele en vista de que era muy probable la venida del rey; por su parte, Guerrero contestó que si se decidía por los verdaderos intereses de la nación, entonces estaría dispuesto a cooperar. Iturbide respondió estar interesado en la felicidad de Nueva España y prometió una conferencia pacífica, la cual se llevó a cabo y pasó a la historia con el nombre de "El Abrazo de Acatempan". Ahí, el militar criollo juró defender los intereses nacionales y se le reconoció como jefe del ejército llamado Trigarante. El 24 de febrero de 1821 se firmó el Plan de Iguala que era reformista, no republicano, y que establecía el respeto a tres garantías:

> [...] la unión entre españoles y mexicanos, para tranquilizar a los primeros y evitar temores de alguna represalia por parte de

---

[1] Conocidos así por reunirse en la iglesia de La Profesa en la ciudad de México para conspirar a favor de la independencia novohispana.

los mexicanos; religión católica, sin tolerancia para ninguna otra, para contentar al clero; e independencia absoluta para satisfacer a Guerrero y a la insurgencia que representaba. El Plan llamaba a ocupar el trono del nuevo Imperio Mexicano a Fernando VII, sucesivamente, a los infantes, sus hermanos, que habían de gobernar conforme a una Constitución que dictarían las Cortes que se convocaran; en último caso, podría venir a reinar algún príncipe europeo de casa reinante que eligiera el futuro Consejo.[2]

El gran mérito de Iturbide fue que pudo cohesionar todos los intereses opuestos existentes, aunque ello significara el sacrificio del liderazgo de Guerrero. El resultado fue la ascendente presencia y fama del ex realista en la consumación de la independencia. La labor del líder criollo combinó el convencimiento de los diferentes sectores sociales para adherirse al ejército Trigarante y la campaña militar que duró siete meses. Así, se unieron al movimiento realistas como Manuel Gómez Pedraza, José Joaquín Herrera, Anastasio Bustamante, Luis Cortázar, Pedro Celestino Negrete y Antonio López de Santa Anna; de igual manera, insurgentes recién liberados como Ignacio López Rayón y Nicolás Bravo reanudaron su lucha. Todos ellos nombres que seguirán apareciendo en los primeros años de vida independiente de México.

Paralelamente, los oficiales españoles depusieron a Apodaca como virrey por acelerar la insurrección y por su escasa competencia militar. Se designó, en su lugar, a Francisco Novella en julio de 1821, quien poco pudo hacer contra los insurgentes que avanzaron por Puebla; además, la Corona española ya había nombrado a Juan de O'Donojú que a la postre sería el último gobernante del virreinato, Capitán General y Jefe superior político de Nueva España. Novella era un hombre de ideas liberales, amigo de los diputados americanos que habían participado en las Cortes de Cádiz, y que se dio cuenta de que el movimiento estaba demasiado avanzado como para hacerle frente.

[2] Antonio Magaña Esquivel, *Guerrero. El héroe del sur*, México, Xóchitl, 1946, (Vidas mexicanas, 26), p. 83.

Con la firma de Juan de
O'Donojú en los Tratados
de Córdoba, Nueva
España obtuvo su
independencia.

El 24 de agosto de 1821, O'Donojú e Iturbide se reunieron en Córdoba, Veracruz, donde firmaron los tratados que llevan el nombre de esta ciudad. En ellos se reconocía el Plan de Iguala y sólo se modificó el artículo 4° para establecer que de no enviar España un representante para gobernar el nuevo país, éste elegiría a su monarca. El funcionario peninsular permaneció en Nueva España y su presencia calmó los ánimos de algunos españoles todavía inconformes con estos sucesos. De Veracruz, los insurgentes partieron a la ciudad de México a la que entraron el 27 de septiembre de 1821 con cerca de 16,000 hombres. Ésta es la fecha que se considera como el fin de la revolución de independencia.

Desarrollo del Primer Imperio

La independencia no era la meta final del movimiento insurgente —aunque algunos así lo pensaran—, sino el autogobierno y las mayores responsabilidades y compromisos que éste implicaba. Sin embargo, la falta de experiencia política y la gran división de los sectores hizo que los primeros años de vida independiente de México fueran muy difíciles. En 1821, mientras unos estaban en favor de la monarquía, otros preferían la república y entre estos dos grupos también había fragmentaciones internas; así, existían borbonistas e iturbidistas, además de centralistas y federalistas, respectivamente.

Por eso, cuando el Ejército Trigarante entró a la ciudad de México, el único personaje fuerte era Agustín de Iturbide quien, con el apoyo de O'Donojú tomó las riendas del nuevo país. Mucho se le ha criticado al militar criollo el protagonismo que ejerció desde entonces, pues se le culpa de una gran ambición y de estar sediento de gloria, y aunque esto fuera cierto, también lo fue el hecho de que gracias a su habilidad se había logrado la independencia rápida y efectivamente. Como ha dicho el historiador norteamericano Timothy E. Anna, fue un "hombre de transición entre la etapa final del régimen virreinal novohispano y la creación del periodo nacional, Iturbide debió soportar —luego de la euforia por la victoria obtenida— todo el peso de los problemas político-sociales que la emancipación política suscitó".[3]

A la semana de haber entrado en la capital, se constituyó la Soberana Junta Provisional Gubernativa con facultades legislativas, con Iturbide como presidente. Este organismo convocó a un Congreso constituyente con la representación de todas las provincias, además de que la Junta nombró a una Regencia con funciones ejecutivas, conformada por cinco miembros y cuya cabeza también era Iturbide. Desde entonces, ya se perfilaba este ex realista como la principal figura política, mientras que los insurgentes de viejo cuño quedaron relegados.

El primer problema que tuvo que enfrentar Iturbide fue la muerte de O'Donojú en octubre del mismo año, pues el grupo conocido como borbonista veía en él un símbolo de unidad y, ante su desaparición, sus partidarios podían oponerse al Imperio. Precisamente, estas personas vieron truncados sus propósitos de que al-

---

[3] Timothy E. Anna, *El imperio de Iturbide*, México, CONACULTA/Alianza Editorial, 1990, (Los Noventa, 70), p. 11.

gún miembro de la familia real viniera a gobernar México, cuando Fernando VII rechazó tajantemente el reconocimiento de la independencia y, por lo tanto, no aceptó los postulados de los Tratados de Córdoba.

Mientras tanto, otros conflictos empezaron a aparecer, y serían una constante en buena parte del siglo XIX mexicano: los problemas económicos por la fuga de capitales, la falta de recaudación de impuestos y el fenómeno de la "empleomanía", es decir, de la gran cantidad de personas con ambiciones políticas y militares que buscaban un cargo en el gobierno y que, al no encontrarlo, se convertían en individuos peligrosos para el régimen. Además, todavía quedaban algunas tropas españolas en las regiones costeras de Veracruz y en el fuerte de San Juan de Ulúa, a las que no se pudo atacar hasta que llegó la respuesta al ofrecimiento del trono mexicano a Fernando VII. Por último, había regiones que se unieron a México tiempo después de consumada la independencia: Yucatán, en noviembre de 1821, a condición de que se respetara la autonomía provincial estipulada en la Constitución gaditana; Centroamérica, en enero de 1822, bajo la amenaza de Iturbide de enviar tropas si no se unían al Imperio Mexicano; y las Californias, que no reconocieron la emancipación hasta siete meses después de haberse obtenido.

No obstante, se organizó el Congreso Constituyente el 24 de febrero de 1822, precisamente con el objetivo de darle al nuevo país un código. Este organismo confirmó y amplió los puntos del Plan de Iguala, como que la forma de gobierno sería la de una monarquía constitucional moderada y basada en la división de poderes. Iturbide tuvo, desde esta época, muchas diferencias con el Poder Legislativo debido a que sus miembros temían que el militar criollo se convirtiera en un déspota igual o peor que los peninsulares que los habían gobernado con anterioridad. Este conflicto entre poderes también fue otro elemento que se repetiría a lo largo de algunos gobiernos decimonónicos.

Los argumentos de los congresistas tomaron forma cuando, el 18 de mayo de 1822, los miembros del regimiento de Celaya se lanzaron a las calles de la ciudad de México alardeando el nombre de

El ejército salió a las calles de la Ciudad de México proclamando a Iturbide emperador.

Agustín de Iturbide, primer gobernante de México, se coronó emperador el 21 de julio de 1822, debido a su popularidad.

Iturbide como emperador. Este movimiento contó con el apoyo de la mayor parte del ejército y del pueblo, quienes presionaron a los diputados para que designaran al ex realista como máxima autoridad del Imperio. Así se hizo y, el 21 de julio del mismo año, se llevó a cabo la ceremonia de coronación del emperador y la emperatriz en el templo de La Profesa, donde poco tiempo antes había empezado su conspiración.

Con todo, el Congreso no dejó de oponerse a muchas de las medidas propuestas por Iturbide, y trató de limitar sus facultades para que se respetaran las atribuciones de los legisladores, es decir, para que se acatara la independencia entre poderes. Una de las problemáticas subyacentes a este conflicto era que algunos diputados eran francamente republicanos, muchos apoyados en logias masónicas como los escoceses, que trataban de dar un golpe de Estado a Iturbide.

La primera conspiración contra el Imperio se descubrió en agosto de 1822, en la que estaban involucrados varios miembros del Congreso como Miguel Ramos Arizpe y Carlos María de Busta-

El Plan de Veracruz *fue el primer movimiento armado en el que participó Antonio López de Santa Anna.*

mante. Por esta razón, y aconsejado por Valentín Gómez Farías, el emperador ordenó la disolución del Poder Legislativo y el establecimiento de la Junta Nacional Instituyente, organismo suplente que tendría las tareas de organizar un nuevo congreso constituyente que redactara el susodicho código que los otros no habían hecho, legislar en materia de colonización de extranjeros y resolver la crisis de hacienda.

Los problemas financieros del Imperio, la inconformidad de muchos burócratas que vieron disminuidos sus salarios, y la falta de cumplimiento de promesas, fueron los factores principales del debilitamiento del régimen iturbidista. Se trató de implantar el uso de papel moneda, pero esta medida sufrió de un gran descrédito; aumentaron los impuestos, mientras que la familia real erogaba gran parte del presupuesto.

Así, los levantamientos en contra del Imperio no cesaron, por el contrario, se incrementaron, y el 2 de diciembre de 1822 se organizó en Veracruz un movimiento armado encabezado por Antonio López de Santa Anna quien, al igual que Iturbide, había sido un militar realista que se había pasado a las filas insurgentes, pero que estaba descontento por no haber obtenido favores del gobierno imperial: había demandado un mejor puesto militar y la mano de la hermana del emperador; las dos se las habían negado. El plan que proclamó Santa Anna, aunque de ideología republicana, mantenía el respeto a las tres garantías, pedía el restablecimiento del Congreso, planteaba un armisticio con las tropas españolas en San Juan de Ulúa, así como derechos de libre comercio, estos últimos, intereses fundamentales para que los habitantes de Veracruz —y paisanos del militar— lo secundaran. Este documento se llamó Plan de Veracruz, fue escrito por Miguel de Santa María y firmado por Santa Anna y Guadalupe Victoria el 6 de diciembre de 1822.

El Imperio, por supuesto, trató de desacreditar al movimiento santannista, a su líder se le declaró fugitivo y fue desprovisto de su mando. No obstante, el Plan de Veracruz tuvo cada vez más seguidores, entre los que estaban antiguos insurgentes como Nicolás Bravo y Vicente Guerrero, y miembros del ejército imperial como José Antonio Echávarri y José María Lobato. Echávarri había instalado su cuartel en la población de Casa Mata, Veracruz, donde el 1° de febrero de 1823 se firmó el plan que lleva su nombre. En este documento, más moderado que el pronunciado por Santa Anna, se pedía la convocación de un nuevo Congreso, aunque se ratificaba lealtad al emperador.

Ante estos hechos, Iturbide decidió reinstalar el Congreso para evitar una guerra civil, pero no contaba con que el primer asunto que discutiría el poder legislativo sería su permanencia en el gobierno. Adelantándose a cualquier determinación, el emperador abdicó el 19 de marzo de 1823 y se exilió en Liorna, Italia.

Poco tiempo después, el 7 de mayo de 1824, el Congreso Constituyente de México declaró a Iturbide traidor a la patria, situación que ignoraba el consumador de la independencia cuando, en julio del mismo año, desembarcó en Soto la Marina con el objetivo de dar a conocer los planes de reconquista que tenía Fernando VII. Así, el ex emperador fue aprehendido, juzgado y ejecutado en tierras tamaulipecas, para convertirse en uno de los personajes históricos más polémicos. Mientras sus enemigos lo tacharon de ambi-

El Primer Imperio fue derrocado por los republicanos con el
Plan de Casa Mata.

cioso y pérfido, para sus defensores él había sido el artífice de la consumación de la independencia; los últimos callaban su ascensión al trono y los otros acentuaban este hecho. La controversia sigue todavía.

El Congreso Constituyente de 1823

Al disolverse la opción monárquica para el país —por el momento—, las ideas republicanas comenzaron a tener una mayor presencia en los círculos políticos. El Congreso resolvió hacerse Constituyente para redactar un código que organizara jurídicamente a México; mientras tanto, estableció un gobierno provisional formado por Nicolás Bravo, Guadalupe Victoria y Pedro Celestino Negrete.

Durante su corta gestión (hasta octubre de 1824), esta administración comenzó a tener el reconocimiento internacional tan necesario para un país recién independizado. Países sudamericanos como Colombia, Chile y Perú empezaron a tener acercamientos diplomáticos. Estados Unidos también fue una de las primeras naciones que reconocieron a México, aunque sería hasta 1825 cuando enviaran a su primer representante, el famoso Joel R. Poinsett. Los europeos iniciaron sus contactos a través de tratados comerciales, así sucedió con Inglaterra en 1825, con los Países Bajos en 1827 y con Francia en 1830; no obstante, otros países del Viejo Continente se resistían a reconocer la independencia mexicana. La llamada Santa Alianza, formada por Rusia, Prusia y Austria, defendía la postura del absolutismo monárquico y, por lo tanto, la posibilidad de recuperar los territorios emancipados de las potencias europeas, posición que fue apoyada por Fernando VII de España quien, en 1823, logró terminar con el gobierno liberal de su país, restauró la monarquía absolutista y empezó a planear la reconquista de sus posesiones americanas.

Por otro lado, en el Congreso Constituyente se llevó a cabo una cruenta discusión en torno a qué tipo de república era la que México adoptaría como forma de gobierno: centralista o federalista. Como su nombre lo indica, la república centralista se debía basar en un poder fuerte que tomaría todas las decisiones políticas.

Esta fórmula la defendían hombres como Lucas Alamán y Carlos María de Bustamante. La república federalista se apoyaba en la idea de que cada provincia tuviera un gobierno autónomo, aunque dependieran de un poder federal que sólo dictaría las medidas fundamentales para garantizar la unión del país. Esta alternativa era propugnada por los diputados Miguel Ramos Arizpe y fray Servando Teresa de Mier, entre otros.

La decisión del Congreso respondió, sobre todo, a los sucesos fuera del recinto legislativo. Provincias como Jalisco y Zacatecas desconocieron al Congreso; Querétaro, Michoacán, San Luis Potosí y Guanajuato solicitaron el establecimiento de otro organismo legislativo. Mientras, Centroamérica se separó de México desde que Iturbide dejó el trono, y Chiapas, territorio indeciso al principio, se reintegró a nuestro país en 1824.

El 31 de enero de 1824 se promulgó un acta constitutiva que declaraba que el gobierno mexicano sería el de una república representativa, popular y federal, cuya capital sería la Ciudad de México que adquiriría el nombre oficial de Distrito Federal. Finalmente, el 4 de octubre del mismo año, se publicó la primera constitución vigente de México, en la cual los 19 estados tendrían una autonomía política. En el ámbito estatal y federal, el gobierno se organizaría en tres poderes: Ejecutivo, Legislativo y Judicial; además se establecía el cargo de vicepresidente, el periodo gubernamental de cuatro años y la religión católica como oficial.

Las elecciones se convocaron inmediatamente, pero cabe advertir que fueron indirectas, pues así lo establecía el texto constitucional. Esto quiere decir que los electores votaban para elegir a los representantes del Poder Legislativo para que éstos, a su vez, designaran al Presidente de la República. Guadalupe Victoria, cuyo nombre original era José Miguel Ramón Fernández Félix, fue el primero en ocupar este cargo y de los pocos en terminar sus cuatro años de gobierno en el siglo XIX.

2

ENSAYOS POLÍTICOS REPUBLICANOS

La primera República Federal

Guadalupe Victoria gozaba de una importante reputación política gracias a su actividad como insurgente, su gestión en el gobierno provisional y por ser un convencido federalista. No obstante, el primer presidente de México decidió conformar un gobierno plural, es decir, con miembros de diferentes posturas políticas. Por ejemplo, el vicepresidente era Nicolás Bravo y el ministro de Relaciones Interiores y Exteriores era Lucas Alamán; ambos, personajes identificados claramente con el centralismo. Por ello, no faltaron las diferencias y los problemas en este periodo presidencial:

> En los dos primeros años del gobierno de Victoria reinó un espíritu optimista; todos procuraban hacer lo mejor para sacar adelante al país, para construir un Estado fuerte y crear una verdadera nación que aún no existía. Después, cuando los problemas se hicieron crónicos, cada cual se ocupaba más de sus intereses o los de su grupo que por los de México. [4]

Sin embargo, a Victoria le tocó asentar las bases en muchos aspectos. En el hacendario, creó la Tesorería General de la Nación para poder recaudar de mejor manera los impuestos, y permitió la apertura de puertos para tener mayores ingresos aduanales. En el terreno educativo, fundó la Junta de Instrucción Pública, el Museo Nacional y estableció el modelo lancasteriano en las escuelas. Por último, en materia judicial inauguró la Suprema Corte de Justicia, uno de los tres organismos fundamentales para el gobierno.

---

[4] Lillian Briseño Senosiain, Laura Solares Robles y Laura Suárez de la Torre, *Guadalupe Victoria, primer presidente de México* (1786-1843), México, Instituto Mora/SEP, 1986, (Cien de México), pp. 68 y 69.

La presidencia de Guadalupe Victoria se caracterizó por su estabilidad y pluralidad.

Estaba pendiente el reconocimiento de México en el ámbito internacional. Como se señaló anteriormente, fue durante este periodo cuando Inglaterra y Francia lograron establecer relaciones diplomáticas con México, pero faltaba España. Por razones obvias, las autoridades peninsulares se habían negado a aceptar la independencia mexicana, además de que todavía se conservaba el fuerte de San Juan de Ulúa. De esta manera, Victoria dirigió sus esfuerzos para derrotar a los militares que ahí se encontraban, objetivo que se logró el 18 de noviembre de 1825.

Cabe destacar que los sentimientos antihispanistas empezaron a incrementarse durante estos años; hay varios factores que lo explican. Por un lado, a pesar de que al obtenerse la independencia se pretendía unir a todos los grupos sociales, el resentimiento contra los "gachupines" no fue erradicado.

Además, empezaron a incidir en la vida política con mayor fuerza las logias masónicas que fungieron como partidos políticos durante buena parte del siglo XIX; las dos más importantes fueron la escocesa y la yorkina. La primera había sido organizada desde tiempos de la expedición de Xavier Mina y empezó a tener presencia política en el imperio iturbidista, periodo durante el cual sufrió escisiones de donde surgió el rito yorkino. Posteriormente, los escoceses defendieron la postura centralista; muchos de sus integrantes pertenecían a los grupos más favorecidos de la sociedad, entre ellos, algunos españoles que tenían una clara ideología conservadora. Por su parte, los yorkinos surgieron de la oposición política del Congreso de 1824, es decir, del bando federalista, y se caracterizaron por ser de tendencia liberal. Sus miembros eran de clase media y sentían una animadversión por los peninsulares, "a quienes identificaban con el elemento opresor e invasor y a quienes los insurgentes consideraban un peligro para la recién adquirida independencia nacional".[5] Éstos recibieron el reconocimiento internacional gracias a la intervención del representante norteamericano Poinsett. Poco a poco, los yorkinos empezaron a tener mayor fuerza en el Congreso y así comenzaron las medidas que afectaron a los españoles residentes en México.

En 1827, se descubrió una conspiración organizada por fray Joaquín Arenas para restablecer a las autoridades españolas en México. Aunque se aprehendió tanto al líder como al pequeño grupo que lo secundaba, esto exaltó la hispanofobia ya existente. Así, en mayo de ese año se dictó una ley de empleos que negaba a los peninsulares ocupar puestos políticos. En diciembre se promulgó una ley federal de expulsión de españoles, de la que estaban exceptuados los casados con naturales de este país, los que tuvieran hijos mexicanos, los mayores de 60 años y los impedidos físicamente. Las consecuencias fueron negativas, sobre todo para los comerciantes españoles a los que se atacó constantemente, por lo que la prudencia del Congreso Federal se hizo presente y sólo aplicó esta ley a aquellos que se declararan abiertamente en contra del gobierno mexicano y a los militares que hubieran llegado después

---

[5] María Eugenia Vázquez Semadeni, *La influencia de la masonería en el proceso ideológico de la independencia mexicana*, Tesis de Licenciatura en Ciencias de la Cultura, México, Universidad del Claustro de Sor Juana, 2002, p. 95.

Al gobierno de Vicente Guerrero le tocó enfrentarse al único intento de reconquista de México por parte de España.

de 1821. No obstante, todo esto significó un importante antecedente para la posterior y definitiva expulsión de los españoles.

Llegó 1828 y, con ello, el fin del gobierno de Victoria. Los candidatos presidenciales eran varios, pero los dos más importantes
eran Manuel Gómez Pedraza y Vicente Guerrero, los dos yorkinos.
El 1° de septiembre ganó el primero, teniendo en la vicepresidencia al propio Guerrero, pero a partir de este momento se desataron
diferentes movimientos que impugnaban esta decisión y pedían al
insurgente como cabeza del Ejecutivo. Uno de ellos fue el organizado por Santa Anna, apoyado en la Proclama de Perote; otro fue
dirigido por Juan Álvarez en Acapulco, y uno más por Lorenzo de
Zavala en la Ciudad de México. Este último desembocó en el sa-
queo del Parián (el principal mercado capitalino localizado en la
Plaza Mayor) el 4 de diciembre y en el motín de la Acordada (cárcel
de rurales que se encontraba frente a la Alameda). El caos fue tal,
que el Congreso optó por anular las elecciones y nombrar, el 9 de
enero de 1829, a Vicente Guerrero y Anastasio Bustamante presi-

dente y vicepresidente, respectivamente, a fin de restablecer el orden.

Pero la presidencia del otrora exitoso líder insurgente fue corta y llena de dificultades. En primer lugar, a lo largo de su gobierno sufrió constantes ataques a través de libelos que lo criticaban por su falta de decisión, por la crisis económica que trató de solventar con el incremento y creación de impuestos (al algodón y a los carruajes), y hasta por su origen racial y su analfabetismo.

Para ganarse simpatías, Guerrero decretó el 20 de marzo de 1829 la definitiva *Ley de Expulsión de los Españoles del Territorio Nacional*, la cual debía aplicarse a la totalidad de este grupo sin tomar en cuenta condición física, edad o postura política. Los peninsulares marcharon rumbo a Estados Unidos, Francia y España, mientras que las pérdidas, sobre todo económicas, fueron incalculables.

Otro de los conflictos que tuvo que enfrentar el presidente Guerrero fue el intento de reconquista. Se trató de una expedición española organizada desde Cuba por el brigadier Isidro Barradas, y financiada en parte por algunos aristócratas peninsulares que habían perdido sus títulos en México. Se rumoraba que en ella venía uno de los hermanos del rey para buscar el apoyo al establecimiento de un gobierno borbónico. El 24 de julio de 1829 desembarcó Barradas en Cabo Rojo, Veracruz; se pensaba que muchos mexicanos apoyarían volver a pertenecer al imperio español y se unirían a la expedición, pero no fue así. Santa Anna y Manuel Mier y Terán atacaron a Barradas desde agosto y el 12 de septiembre lograron derrotarlo definitivamente en Tampico. Con este triunfo, Santa Anna fue ascendido a general de división y empezó a gozar de una gran popularidad.

Pero los problemas de Guerrero no se frenaron, pues algunos estados de la República se negaban a pagar las nuevas cargas hacendarias, mientras que sus opositores demandaban la remoción de algunos de sus ministros. En este contexto se explica que el propio vicepresidente se haya levantado en contra del Ejecutivo. El 4 de diciembre de 1829, Anastasio Bustamante —quien estaba al frente del ejército de reserva en Veracruz, por si se organizaba una nueva expedición española— dio a conocer el Plan de Jalapa, el cual:

*Las tropas españolas que intentaron reconquistar
México se rindieron en Tampico.*

No hablaba abiertamente de sustituir el federalismo por el régimen central, sino de emprender reformas 'para el engrandecimiento del país', sin determinar cuáles debían ser; pero el propósito se traslucía en la exigencia de que el general Guerrero dimitiera las facultades extraordinarias que el Congreso le había concedido [...], en convocar sesiones extraordinarias, en pedir la remoción de todos los ministros y demás funcionarios al sistema federal. [6]

Aunque no pueden determinarse con seguridad las verdaderas intenciones de Bustamante, lo cierto es que los levantados en Jalapa rápidamente lograron su objetivo: la renuncia de Guerrero (18 de diciembre), quien había dejado en su lugar a José María Bocanegra. No obstante, este nombramiento fue desconocido por el general Luis Quintanar, quien se adhirió al Plan de Jalapa y logró la destitución de Bocanegra. Se formó entonces una Regencia compuesta por el general Quintanar, el presidente de la Suprema Corte de Justicia, Pedro Vélez, y el diputado Lucas Alamán, quienes entregaron a Bustamante la presidencia el primer día de 1830.

Mientras tanto, Guerrero se ocultó en las montañas del sur de México y gran parte de los esfuerzos de Bustamante se destinaron a eliminarlo. Fue Nicolás Bravo, antiguo compañero del insurgente, el encargado de perseguirlo. El plan de Guerrero era huir por Acapulco, sin embargo, los genoveses que supuestamente lo iban a sacar del país, lo traicionaron y lo entregaron a las autoridades mexicanas en Huatulco el 31 de enero de 1831. Días después, Guerrero fue ejecutado bajo las acusaciones de "sedicioso y conspirador" en Cuilapan, Oaxaca. Así, se puso fin al otro consumador de la independencia que, a pesar de ello, no sufrió de los ataques condenatorios hacia Iturbide.

Bustamante no tuvo tampoco un gobierno tranquilo, pues además de invertir hombres y dinero para la captura de Guerrero, tuvo que enfrentar graves problemas, como el bandolerismo, con una "mano dura" que lo caracterizaría. Para ello, tuvo el apoyo de varios centralistas con quienes simpatizaba ideológicamente, como

---

[6] A. Magaña E., *Op.cit.*, p. 135.

Nicolás Bravo fue un notable
insurgente y actor político de
los primeros años de vida
independiente.

lo demostraron algunos de sus actos; por ejemplo, disolvió algunos congresos locales que estaban en su contra.

No obstante, los federalistas diferían de este tipo de medidas
y varios de ellos formaron el primer partido político de México: el
Partido del Progreso. Entre sus fundadores estaban José María Luis
Mora, Luis de la Rosa y Valentín Gómez Farías, quienes eran liberales radicales y estaban a favor de una completa libertad de
expresión, así como de la abolición de la pena de muerte y de los
privilegios que tenían los miembros del clero y el ejército. También
proponían la creación de pequeños y medianos propietarios para
que la riqueza se distribuyera mejor.

Además, Bustamante también se ganó la enemistad de algunos militares como Esteban Moctezuma, Jesús Mejía e Ignacio
Inclán, quienes junto con Santa Anna se levantaron en armas contra él. Este movimiento requería el regreso de Gómez Pedraza a la
presidencia, lo cual era una evidente muestra del interés que tenía
el general veracruzano de alcanzar dicho cargo, pues ahora estaba

proponiendo a quien antes había atacado. Bustamante renunció en agosto de 1832 para que terminara su gobierno Gómez Pedraza pocos meses después.

A inicios de 1833 se convocaron elecciones en las que resultó ganador Antonio López de Santa Anna, con Valentín Gómez Farías como vicepresidente. Sería el primero de once periodos de gobierno que ejercería Santa Anna, quien se convirtió en esos años en el personaje político más importante del país.

Ya se vio cómo el general veracruzano tenía posiciones políticas poco definidas y ésta fue una constante de su vida como gobernante. Asimismo, Santa Anna era un hombre a quien le gustaba ser deseado, demandado y aplaudido por las masas, y por eso desaparecía momentáneamente de la escena política en momentos críticos, para brotar como el gran salvador de México. Sin embargo, no sólo las características personales del veracruzano explican su actuar. Indiscutiblemente fue un caudillo, es decir, un personaje cuya autoridad no dependía de la existencia de una institucionalidad y, si bien en el país ya se había obtenido la independencia política, no se tenía todavía un Estado fuerte, y esto permitió, en parte, el surgimiento de una figura como la de Santa Anna. Como bien señala el investigador estadounidense John Lynch, este caudillo unió a lo anterior sus posturas dramáticas expresadas en un patriotismo exaltado y el poder regional que tenía en Veracruz que le facultó de seguidores incondicionales.[7]

Desde el día de su investidura (1° de abril de 1833), Santa Anna alegó males de salud y pidió permiso para retirarse a su hacienda veracruzana Manga de Clavo y dejar encargado del gobierno a Gómez Farías. El vicepresidente, al contrario de Santa Anna, tenía convicciones políticas firmes: era un ferviente federalista y un anticlerical extremo. Pronto se ganó el apodo de "Gómez Furias" por una serie de medidas que dictó para minar el poder económico, social e ideológico de la Iglesia y del ejército.

---

[7] *Cfr.* John Lynch, *Caudillos en Hispanoamérica* 1800-1850, (traducción de Martín Rasskin Gutman), Madrid, MAPFRE, 1993, pp. 166 y ss.

Por eso, se considera como "Primera Reforma" a todo un proceso que englobó: la incautación de los bienes de los descendientes de Hernán Cortés, la secularización de las misiones de California, la subasta de las posesiones de los misioneros de San Camilo, la disposición de hacer los diezmos voluntarios y no obligatorios y, de igual forma, los votos eclesiásticos, la supresión de la Universidad Pontificia y el ejercicio del derecho del Patronato[8] para el gobierno mexicano. A los militares los despojó de privilegios y obligó a los estados a crear milicias cívicas que sustituyeran al cuerpo federal que tantos gastos generaba y que representaba un gran peligro para la estabilidad del país.

Como es de suponerse, las reformas de Gómez Farías despertaron una gran inconformidad entre el pueblo que apoyaba a los clérigos y militares. Se organizaron movimientos bajo el lema "Religión y Fueros" por toda la República, lo que obligó a Santa Anna a reasumir la presidencia para enfrentar a los levantados. Uno de éstos era Mariano Arista, y contra él se dirigió el presidente; después de haber estado prisionero por sus enemigos y logrado escapar, Santa Anna emitió un decreto el 19 de diciembre de 1833 conocido como la *Ley del Caso*. En este documento se enlistaba a cerca de 50 personas que se señalaban como opositoras al régimen y que eran expulsadas del país (entre ellas estaba Anastasio Bustamante). Además, la ley añadía que se iba a desterrar "a todos los que se encuentren en el mismo caso", sin explicar qué tipo de delito habían cometido.

Después de haber resuelto parcialmente el conflicto, el presidente volvió a su hacienda y dejó en manos de Gómez Farías el gobierno del país. Las medidas anticlericales del vicepresidente continuaron y nuevamente los motines de los inconformes aparecieron. El grupo más destacado fue el que suscribió el Plan de Cuernavaca en mayo de 1834 y que estaba conformado por una coalición de la Iglesia, el ejército y los conservadores. Esta vez, Santa Anna regresó a la capital para disolver el Congreso, apoyar el Plan

---

[8] Derecho que ofrecía a quien lo detentaba la posibilidad de nombrar a las autoridades religiosas sin necesidad de contar con el consentimiento del Papa.

de Cuernavaca y suprimir todas las reformas eclesiásticas que había implementado su vicepresidente, el cual fue expulsado del país por el nuevo Legislativo.

La República Central

El régimen federal que se había impuesto desde 1824 como forma de gobierno en México era blanco de muchas y variadas críticas. Los problemas políticos, económicos y sociales en vez de resolverse, se habían incrementado, por lo que se ponía en tela de juicio la conveniencia de que el federalismo pudiera combatir estos conflictos cuando, durante más de tres siglos, el territorio independizado en 1821 había sido regido por un sistema político centralizado. De ahí que entre la opinión pública y los periódicos y folletos del momento, empezara a fortalecerse la postura del centralismo.

El Congreso no estaba ajeno a todo este clima. Así, en enero de 1835, después de que Santa Anna renunció a la presidencia, se nombró a Miguel Barragán a quien se le reconoce como el primer presidente centralista. Al mes siguiente murió éste y José Justo Corro le sucedió en el cargo. En julio del mismo año, el Congreso resolvió hacerse Constituyente para elaborar un nuevo conjunto de leyes que rigiera al país; con esto se daba fin a la primera república federal para dar paso a la república centralista.

Cabe señalar que todos estos hechos se sucedieron en el marco de la Guerra de Texas, la cual dio inició justamente a raíz de la adopción del centralismo. Aunque, como se verá más adelante, el conflicto texano tenía todo un proceso histórico, fue la pérdida del autogobierno lo que decidió a sus habitantes plantear la separación de México.

El 29 de diciembre de 1836 se expidieron las *Leyes Constitucionales*, también llamadas *Las Siete Leyes*, que establecían el centralismo como forma de gobierno. El nuevo código conservaba la división de poderes, pero establecía un Supremo Poder Conservador por encima de ellos. Este organismo tenía muchas facultades y sólo debía rendir cuenta de sus actos ante Dios. El periodo presidencial se amplió a ocho años y la división territorial del país cambió de denominación: los estados serían departamentos divididos en distritos, cuyas autoridades no serían electas por sus habitantes, sino por el Presidente.

Se convocó a elecciones, donde resultó triunfador Anastasio Bustamante, quien supuestamente debía gobernar hasta 1845, aunque no pudo terminar su periodo presidencial porque su gobierno centralista enfrentó diversos reveses en el interior de la República: los federalistas sentían que su autonomía política había sido usurpada y una manera de manifestar su oposición fue que muchos estados dejaron de pagar impuestos. Precisamente, los problemas financieros fueron uno de los factores por los cuales se adoptó el centralismo, pues se pensaba que sólo bajo una administración centralizada se podía garantizar una mayor y mejor recaudación fiscal. La otra forma recurrente de mostrar la inconformidad eran los levantamientos armados.

Quizá el movimiento regional más radicalizado fue el de Yucatán. Desde tiempos virreinales, el sureste del país había gozado de una serie de privilegios de los que se le despojó en 1824: la esclavitud y la tributación indígena. Los yucatecos condicionaron su unión a la República Mexicana a la aprobación del federalismo como forma de gobierno "porque Yucatán no estaba dispuesto a quedar sujeto a la mayoría de un congreso que difícilmente podía conocer las necesidades de un *país* lejano".[9]

Durante la primera mitad del siglo XIX, la situación económica de la península se agravó debido a la reducción de los aranceles que entraban por sus puertos y aduanas. Finalmente, el factor detonante fue que buena parte de las milicias yucatecas tuvieron que ir a Texas, y uno de estos soldados, Santiago Imán, fue el que se negó a ir al norte y organizó la sublevación que inició en Valladolid el 10 de febrero de 1840; días después, se declaró la independencia de Yucatán.

Este movimiento tuvo muchos adeptos. Los indígenas lo secundaron por las promesas de la disminución de los tributos y la

---

[9] Moisés González Navarro, *Raza y tierra. La guerra de castas y el henequén*, (2a. edición), México, El Colegio de México, 1979, p. 67. Las cursivas son del original.

distribución de tierras. El resto de los yucatecos estaban complacidos con la disolución de los batallones, y todos se unieron bajo el lema de "Libertad, federación o muerte". Pronto elaboraron su Constitución (que establecía la libertad de culto y la eliminación de los fueros), su bandera y su himno.

El gobierno, ahora comandado temporalmente por Santa Anna —porque Bustamante había asumido el mando del ejército para enfrentar a sus enemigos federalistas—, había enviado a un representante para negociar con los yucatecos, el viejo insurgente Andrés Quintana Roo, quien logró firmar unos convenios donde se reconocía la antigua legislación virreinal; sin embargo, Santa Anna lo desconoció y siguió el conflicto bajo una guerra de guerrillas. Este método desgastó sobre todo a los indígenas que apoyaban el movimiento y que, además, no vieron cumplidas las promesas de sus líderes y los abandonaron. La paz llegó con los tratados del 14 de diciembre de 1843 que restablecieron las relaciones comerciales, concedieron las aduanas marítimas a Yucatán, y dieron licencia para que sus soldados no colaboraran con el ejército mexicano.

Para su desgracia, Anastasio Bustamante no sólo tuvo que desafiar a opositores internos, sino también de fuera del país. Fue durante su gobierno que México padeció la primera guerra contra Francia, mejor conocida como la Guerra de los Pasteles, que se verá más adelante.

Bajo este panorama, el general Mariano Paredes y Arrillaga se levantó en Guadalajara en agosto de 1841 con el Plan de Progreso. En él, el ex realista reclamaba a Bustamante el hecho de no haber intentado la reconquista de Texas, por lo que proponía su destitución y la convocación de un Congreso Constituyente. Antonio López de Santa Anna se unió a Paredes, con quien firmó, en septiembre de 1841, las *Bases de Tacubaya*, donde se pretendía suspender los Poderes y convocar a elecciones para un Legislativo encargado de redactar una nueva Constitución. El 6 de octubre del mismo año, Bustamante renunció, y por unos días quedó Javier Echeverría a cargo del Ejecutivo, pues en las votaciones ganó Santa Anna.

El nuevo Congreso estuvo conformado por jóvenes políticos como Melchor Ocampo, José María Lafragua, Mariano Otero y

Mariano Paredes y Arrillaga se levantó en contra del presidente Anastasio Bustamante con el Plan de Progreso.

Ezequiel Montes. Los problemas comenzaron cuando las discusiones se dirigieron hacia qué tipo de república debía adoptarse; es decir, continuó entre los legisladores la ya histórica oposición federalistas-centralistas. La mayoría del Congreso la tenían los federalistas, no obstante, Santa Anna trató de rechazar su proyecto sin lograrlo y entonces se retiró de la presidencia dejando a Nicolás Bravo en su lugar. Éste ordenó la disolución del Congreso y reunió una Junta de Notables para que redactara *Las Bases de Organización Política de la República Mexicana*, de clara tendencia centralista. Este código, conocido como Las Bases Orgánicas, fue aprobado desde abril de 1843 y tuvo vigencia por más de tres años.

Durante este periodo gobernaron el propio Santa Anna y Valentín Canalizo; fue entonces cuando, de manera clara, el Ejecutivo centralizó toda la administración gubernamental, y por primera vez, el general veracruzano ejerció el poder dictatorialmente, atendiendo sólo a su voluntad. Como era de esperarse, los movimientos en su contra empezaron a organizarse y triunfó el comandado por Mariano Paredes en Guadalajara. El Congreso desconoció a

*José Joaquín Herrera, de
tendencia liberal
moderada, fue presidente
de México en dos
ocasiones.*

Santa Anna como presidente y esto lo obligó a exiliarse en Cuba. El pueblo, furioso, sacó la pierna del veracruzano que estaba en la Plaza del Volador y la arrastró por las calles, mientras que su estatua del Teatro Nacional fue derribada.

Gobernó entonces el general José Joaquín Herrera desde septiembre de 1844 hasta diciembre del año siguiente. Tenía entonces 52 años y la situación de México —y, en consecuencia, la de su mandato— no era nada favorable:

> [...] El país estaba deshecho. No había ni industria ni comercio. Miles de empleados públicos chupaban la poca sangre de la nación. Desacreditadas las autoridades, sin fe política los pueblos, asoladas las provincias fronterizas por las irrupciones de los indios bárbaros, amenazado Nuevo México por las expediciones filibusteras, sin un centavo en las capas del Estado, la empresa de organizar y sacar adelante la nación, parecía imposible de ser realizada.

> Y sobre todos los problemas, como el mayor y el más grave, estaba la "cuestión americana" [...][10]

En efecto, aunque Herrera intentó reducir los gastos públicos del gobierno y solucionar así las dificultades financieras del país, las presiones de Estados Unidos sobre los territorios del norte (Nuevo México y California), y el descontento de numerosos burócratas desempleados impidieron que pudiera desempeñar tranquilamente sus funciones. En julio de 1845, Texas se anexó a Estados Unidos y este acontecimiento provocó la ruptura de relaciones diplomáticas entre los dos países, pues México lo interpretó como un agravio a su soberanía. Los federalistas presionaron a Herrera para que se emprendiera una defensa bélica del territorio mexicano, además de que seguían inconformes con un gobierno de corte centralista. Por ello, se organizaron, nuevamente bajo la batuta de Mariano Paredes, para derrocar al presidente.

Con el Plan de San Luis, Paredes se convirtió en la nueva cabeza del Poder Ejecutivo en enero de 1846 y convocó a un nuevo Congreso Constituyente, pero su gobierno tampoco fue duradero, pues las condiciones no mejoraron. De hecho, a pesar de haber comandado sendos movimientos federalistas y haber tratado de fortalecer al ejército frente a la inminente invasión norteamericana, el presidente participó en una intriga monárquica, conspiración que se basaba en tener el apoyo de España ante la amenaza de Estados Unidos y con el objetivo de sanear las instituciones políticas mexicanas. Sin embargo, "tan pronto como las noticias de las primeras derrotas militares [frente a los estadounidenses] llegaron a la ciudad de México, la conspiración monarquista se dio por concluida".[11] Así, nunca llegó ninguna contribución europea y los mexicanos tuvieron que enfrentarse solos contra los norteamericanos. Por último, Mariano Paredes fue depuesto el 28 de julio de 1846 con el Plan de la Ciudadela, que dio fin al régimen centralista.

---

[10] Alfonso Trueba, *Presidente sin mancha*, (3a. edición), México, Jus, 1959, (Figuras y episodios de la Historia de México), p. 10.
[11] Miguel Soto, *La conspiración monárquica en México 1845-1846*, México, Offset, 1988, (Colección Historia), p. 43.

La segunda República Federal

Fue el general José Mariano Salas el que triunfó con este movimiento y quien enarboló la bandera del federalismo. En pleno inicio de la invasión norteamericana, se hizo cargo de la presidencia y convocó a un Congreso extraordinario que decidió volver a poner en vigencia la Constitución de 1824, aunque con algunas modificaciones (Acta Constitutiva, 1847). Los federalistas triunfantes sólo vislumbraban a Santa Anna como el único personaje capaz de hacerle frente a los problemas internos y externos y lo llamaron para que volviera a ser presidente de México.

Siempre orgulloso de que lo invocaran, Santa Anna aceptó y, mientras fue personalmente al frente de batalla, dejó a Valentín Gómez Farías —otra vez su vicepresidente— a cargo del gobierno. Más que nunca, el país necesitaba de recursos para poder cubrir los gastos de guerra y, para ello, Gómez Farías promulgó la *Ley de Intervención de Bienes Eclesiásticos* el 11 de enero de 1847. Nuevamente, el descontento entre los miembros y simpatizantes de la Iglesia se hizo presente y, por ello, se sublevaron los *polkos*, nombre coloquial que recibieron algunos miembros de la Guardia Nacional del Distrito Federal y que, aunque reconocían a Santa Anna como presidente, pedían el respeto a la Constitución del 24 y la destitución de Gómez Farías y del Congreso. Santa Anna tuvo que regresar para reasumir el poder y derogar las leyes contra los bienes del clero, mientras los norteamericanos seguían avanzando.

El general veracruzano puso entonces como presidente interino a Pedro María Anaya, para poder encabezar las acciones del ejército frente al enemigo. Los fracasos bélicos continuaron, como se verá más adelante, por lo que Santa Anna renunció a la presidencia el 16 de septiembre de 1847 y se exilió en Colombia. Ya para entonces, los estadounidenses habían llegado a la capital, por lo que el siguiente representante del Poder Ejecutivo, Manuel de la Peña y Peña, tuvo que asumir el cargo en la ciudad de Toluca y estableció la sede de su gobierno en Querétaro. Peña fue quien encabezó las negociaciones con las autoridades de Estados Unidos y firmó los tratados de paz con los que se dio fin a la intervención extranjera; en ellas también participó José Joaquín Herrera, que en junio de 1848 sería presidente por segunda ocasión.

Fue Herrera quien finiquitó un problema suscitado años antes, el de la Guerra de Castas de Yucatán. En medio del caos político y militar, el primer día de 1846 un grupo de yucatecos decidió nuevamente decretar su soberanía independiente del gobierno central y restablecer la constitución local de 1841. Para finales de ese año, Yucatán se declaró neutral en la guerra de México contra Estados Unidos.

Los enfrentamientos en la península iniciaron formalmente hasta el 15 de enero de 1847, cuando se atacó la ciudad de Valladolid. El rasgo más importante de este movimiento fue la rivalidad entre blancos e indígenas, la cual se remontaba siglos atrás, pero que en ese momento estalló por la discriminación que los nativos padecían en esa región. Se les prohibía, por ejemplo, mezclarse con los blancos en cualquier fiesta cívica o religiosa y se les obligaba a usar sólo pantalones y calzoncillos "propios" de su *situación social.*

Durante la Guerra de Castas, los blancos fueron degollados, sus cadáveres arrastrados y quemados, y las mujeres violadas. Ante esta situación, los personajes más importantes de la península disminuyeron las contribuciones de los indígenas con el fin de apaciguarlos, pero los líderes del movimiento (los caciques Manuel Antonio Ay, Cecilio Chí y Jacinto Pat) permanecían en pie de guerra. La venganza y el rencor fueron sentimientos que dominaron el panorama: "El 5 de agosto [de 1847] el gobernador Domingo Barret interpretó la toma de Tepic como la lucha entre la barbarie india y la civilización blanca", y a partir de ahí, los indígenas fueron privados de sus derechos civiles, mientras que la Iglesia intentó tranquilizarlos a través de la represión.[12] El resultado no podía ser otro: el aumento de la violencia.

A principios de 1848, los rebeldes pedían la disminución de las contribuciones personales, la devolución de sus armas incautadas y la reducción de las cuotas parroquiales, entre otras cosas. Ni el clero ni las autoridades gubernamentales podían detener el avance

---

[12] M. González N., *Op.cit.,* pp. 78 y 79.

indígena, a tal grado que sólo las ciudades de Mérida y Campeche quedaban como territorios dominados por los blancos. Éstos pidieron ayuda a España y Estados Unidos, quienes les otorgaron armamento, mientras que los ingleses, a través de Belice hacían lo propio con los indígenas.

Sin embargo, nuevamente fue la deserción lo que provocó el debilitamiento de los levantados; los problemas agrícolas, la falta de municiones y algunos sobornos de los blancos fueron factores que influyeron para que ciertos indígenas salieran de la guerra. Además, ya para mediados de mayo de 1848, el gobierno federal estaba en posibilidades de dar solución al conflicto. Primero se logró la reincorporación de Yucatán al país el 7 de agosto; posteriormente, los caciques indígenas fueron muertos y, poco a poco, y todavía con muchas dificultades, se fue pacificando la región. En enero de 1850 se les otorgó el voto a los indígenas analfabetos y el derecho de elegir a sus autoridades, se concedían las peticiones hechas sobre las contribuciones y obvenciones parroquiales, y más adelante, (1853) se prohibieron los trabajos forzados.

José Joaquín Herrera vio la necesidad de implantar en el país una verdadera administración pública y todos sus esfuerzos fueron encaminados a lograrlo, "[...] se propuso exterminar los gérmenes de discordia, restaurar el imperio del derecho y, con ello, unir el barril sin aros que era la república [...]".[13] Además de resolver los conflictos con estadounidenses y yucatecos, implementó la persecución a los salteadores de caminos y los indios bárbaros del norte y de la Huasteca, llevó a cabo una campaña contra el alcoholismo y el juego, construyó escuelas y hospitales, mejoró el sistema penitenciario, redujo los gastos públicos, y trató de sanear las finanzas públicas a través de la creación de un banco nacional, pero esta iniciativa fue olvidada por el Congreso.

El 8 de enero de 1851 fue electo presidente el general Mariano Arista, quien había sido ministro de Guerra durante esta segunda presidencia de Herrera. Como una ocasión excepcional, el Poder Ejecutivo se transmitió de manera pacífica, aunque el gobierno de

---

[13] A. Trueba, *Op.cit.*, p. 23.

La presidencia de Mariano Arista fue efímera por la falta de apoyo del Congreso.

Arista se caracterizó por la inestabilidad. La situación económica del país y, sobre todo, la falta de apoyo del Congreso, hicieron que el presidente presentara su renuncia el 5 de enero de 1853. Su sucesor fue Juan Bautista Cevallos, presidente de la Suprema Corte de Justicia, quien tampoco pudo entenderse con el Poder Legislativo, al cual disolvió para retirarse del cargo apenas un mes después de haberlo asumido.

Era el ejército el que tenía las riendas del gobierno y por ello se eligió al general Manuel María Lombardini, quien convocó a elecciones. Resultó electo por quinta ocasión Antonio López de Santa Anna, aunque era la décima primera vez que ocupaba la presidencia. El oportunista veracruzano, al no tener postura política definida, estaba dispuesto a escuchar las propuestas que tanto liberales como conservadores le ofrecieron. Decidió inclinarse por estos últimos, cuando su máximo representante, Lucas Alamán, le condicionaba su apoyo si organizaba un ejército eficiente, si establecía una nueva división territorial y prometía mantener la religión católica y favorecer un acercamiento con el Papa. En realidad, los conservadores sabían de las grandes fallas de Santa Anna como gobernante, pero no ignoraban su popularidad.

Mientras Alamán vivió, el general mantuvo cordura en su gobierno, pero cuando el conservador falleció el 2 de junio de 1853, Santa Anna estableció un régimen dictatorial. Se hizo llamar "Su Alteza Serenísima", el Congreso le otorgó poderes extraordinarios, se ordenó la elaboración de retratos y estatuas con su efigie. La persecución contra sus enemigos políticos fue una constante, de ahí que expidiera la *Ley de Conspiradores* que contemplaba la censura en las publicaciones que lo atacaran y la aprehensión y/o ejecución de quienes se manifestaran en su contra, que en su mayoría eran liberales y algunas veces miembros del mismo gobierno (jueces y gobernadores).

Durante esta última administración, también conocida como la dictadura santannista, el país tuvo que enfrentar invasiones de filibusteros norteamericanos. Era evidente que Estados Unidos deseaba más territorios mexicanos y el pretexto era la construcción de vías ferroviarias en la franja fronteriza. Ante estas presiones y para evitar otra intervención extranjera, Santa Anna firmó el *Tratado de Gadsden* (30 de diciembre de 1854), por el cual se vendió La Mesilla, una superficie de 109,574 km^2, a los vecinos del norte. Su precio fue de 10 millones de dólares.

Uno de los hechos rescatables de este mandato fue la convocatoria para la creación de un Himno Nacional Mexicano. Los ganadores fueron el español Jaime Nunó por la música y el nacional Francisco González Bocanegra, compositor de la letra, la cual se caracteriza por su insistente tono bélico (siete veces aparece la palabra guerra), muy comprensible por la época en la que se escribió. El Himno, dedicado al presidente, fue entonado por primera vez el 15 de septiembre de 1854.

Ante el despotismo de Santa Anna, la inconformidad de muchos mexicanos fue incrementándose. El levantamiento comandado por Juan Álvarez en el sur del país, o Revolución de Ayutla, fue el que finalmente logró derrocar al dictador. Antonio López de Santa

*Con la Revolución de Ayutla dio término
la era santannista.*

Anna abandonó la presidencia el 9 de agosto de 1855, y ahora sí sería de manera definitiva.

Los problemas de México con el exterior

Durante la primera mitad del siglo XIX, el país vivió no sólo problemas domésticos, sino también conflictos con el extranjero. En ese proceso de formación que como nación se estaba gestando, México tuvo que desafiar a enemigos externos que, aprovechándose de las precarias condiciones políticas y económicas, lucharon por obtener ventajas. Así, la independencia que se había logrado en 1821 se puso a prueba frente a los norteamericanos en dos ocasiones (1836 y 1846-48), y ante franceses en 1838. Esta tarea no fue fácil, por lo que las consecuencias de una identidad nacional en ciernes fueron muy dolorosas.

La guerra de Texas

Texas era un territorio muy alejado de la capital novohispana, pues desde entonces se desconocía buena parte de lo que ahí ocurría. A inicios del siglo XIX, las autoridades españolas permitieron la colonización extranjera (norteamericana) a esa región, siempre y cuando cumplieran con ciertas condiciones: ser católico, tener un modo honesto de vida y jurar fidelidad al rey de España y a la Constitución de Cádiz.

En ese mismo año, 1812, Lousiana se convirtió en un estado de la Unión Americana y norteamericanos y españoles no podían ponerse de acuerdo en los derechos que ejercían sobre dicho territorio. España reclamaba que parte de Lousiana pertenecía a Texas y, por lo tanto, los norteamericanos no podían adueñarse de esas tierras. El conflicto se solucionó con la firma del *Tratado Adams-Onís* (1819), donde se establecieron los límites fronterizos.

A los colonos estadounidenses que se habían establecido en Texas se les respetaron sus derechos y muestra de ello fue que siguió creciendo su número. Grupos anglosajones llegaban a este territorio de la mano de Moisés y Esteban Austin, quienes escribían sobre las ventajas de asentarse en este lugar. Al independizarse

México, los Austin mantuvieron la concesión para colonizar la región y, en 1824, Esteban fue nombrado juez y teniente coronel por las autoridades mexicanas, prueba de la confianza que se le tenía. También, a partir de ese año, ese territorio pertenecía al estado de Coahuila y Texas y continuó colonizándose, aunque de manera irregular, pues no todos los inmigrantes eran católicos y, sobre todo, no cumplían con el requisito de liberar a sus esclavos.

Aunque muchas veces se ha dicho que la esclavitud era el principal punto de conflicto entre estadounidenses y mexicanos, los negros sólo representaban el 10% de la población texana. Según el investigador alemán Andreas V. Reichstein, tampoco las diferencias culturales eran factores de división entre la sociedad, es más, los lazos económicos y comerciales los unían. El problema radicaba en que los colonos empezaron a ser mayoría: "[...] a los mexicanos no dejó de inquietarles el hecho de que la comunidad anglosajona fuera adoptando un carácter homogéneo particularmente distintivo, que la convertía cada vez más en una entidad ajena a la unidad que se buscaba alcanzar".[14]

Además, surgió entre los norteamericanos establecidos en Texas un grupo llamado "Los halcones", que eran propagadores de la guerra y partidarios de la separación de México. Por otro lado, tanto organismos privados como autoridades de Estados Unidos le ofrecieron al gobierno mexicano la compra de territorios texanos. Para completar el panorama, hay que mencionar que, cuando en 1829 el presidente Guerrero ratificó la abolición de la esclavitud, algunos estadounidenses se quejaron y obtuvieron un arreglo con los funcionarios mexicanos: podían quedarse con los esclavos que tenían en ese momento, pero los hijos de éstos serían libres y ya no podrían comprar más.

Durante la primera presidencia de Anastasio Bustamante también se intentaron algunas medidas para detener la enorme presencia de ciudadanos norteamericanos. Se trató de fomentar el asen-

---

[14] Andreas V. Reichstein, "¿Un caso de Destino Manifiesto?", en Josefina Z. Vázquez (coordinadora), *Interpretaciones de la historia de México. De la rebelión de Texas a la Guerra del 47*, México, Nueva Imagen, 1994, p. 47.

tamiento de población nacional, de aplicar medidas para acercar a Texas al gobierno federal, y de aumentar las relaciones comerciales de esta región con otras de la República Mexicana, pero todas fracasaron y, en cambio, los colonos exigían estar exentos del pago de impuestos, su separación del estado de Coahuila y los títulos de propiedad de sus tierras. En 1833, Esteban Austin se encargó de hacer estas peticiones en la capital del país, donde fue encarcelado por órdenes de Gómez Farías bajo la acusación de fomentar el separatismo de Texas de México.

Mientras tanto, los problemas entre centralistas y federalistas complicaron más la situación. Al adoptar México la república central, en 1835, se llevó a cabo en Texas la introducción del ejército mexicano y la imposición de tarifas aduanales. Los rumores y la incertidumbre que conllevaban sólo fortalecieron a los partidarios de la guerra. Para ese entonces, aunque a Austin se le había expulsado del país, regresó a territorio texano para ahora sí organizar el movimiento de independencia. Lamentablemente, algunos federalistas mexicanos apoyaron este levantamiento como muestra de su oposición al régimen; tal fue el caso de Lorenzo de Zavala quien, además, tenía algunos terrenos en esta zona.

El 11 de noviembre de 1835 se declaraba la emancipación de Texas si la Constitución de 1824 no volvía a estar vigente. Se ocuparon importantes puntos y, de manera definitiva, se declaró la independencia de Texas el 2 de marzo de 1836, teniendo como presidente a David G. Burnet y como vicepresidente a Zavala. Santa Anna ya se había separado del poder para combatir a los texanos y, a pesar de las dificultades económicas y políticas de ese momento y la indiferencia por parte de muchos mexicanos, logró organizar un ejército que venció en la famosa batalla de El Álamo (6 de marzo), donde ordenó el fusilamiento de todos los soldados prisioneros, lo que violaba las leyes de guerra. Esta cruel medida exaltó más los ánimos de los rebeldes, por lo que en las subsecuentes batallas su grito de guerra era "Remember the Alamo" (Recuerden el Álamo). La cabeza del ejército texano, Samuel Houston, logró derrotar y capturar a Santa Anna en San Jacinto el 21 de abril, mientras las tropas mexicanas dormían.

Santa Anna fue conducido al puerto de Velasco donde, el 14 de mayo firmó unos tratados donde se comprometía a retirar a los militares al sur del río Bravo, suspender las hostilidades y tratar de convencer al gobierno mexicano de aceptar la independencia de Texas. Las autoridades de México descalificaron la validez de los *Tratados de Velasco*, por lo que no reconocieron la separación de este territorio. Por el contrario, Estados Unidos en 1837, Francia, Inglaterra y Bélgica, poco después, entablaron relaciones diplomáticas con el nuevo y pequeño país.

La "Guerra de los Pasteles"

A lo largo de su historia, México tuvo que enfrentarse en dos ocasiones contra Francia; la primera de ellas sucedería en 1838 y se conoce como la "Guerra de los Pasteles". Al igual que el conflicto con Texas, ésta tuvo sus raíces en la inestabilidad y el caos que reinaban en el país en esos años.

A causa de los enormes problemas financieros que sufría México, una de las formas que el gobierno tenía para hacerse de recursos era la de los "préstamos forzosos", medida que se había aplicado desde los tiempos virreinales y consistía en obligar a los habitantes a contribuir con algo de dinero para los gastos públicos. Si se oponía resistencia, la fuerza pública intervenía.

Desde finales de la época novohispana, un importante número de franceses llegó al territorio nacional en busca de oportunidad de trabajo, generalmente comerciantes que llegaron a conformar toda una "colonia".[15] Sin embargo, desde que México obtuvo su independencia, la situación económica empeoró cada vez más y los franceses, como el resto de los habitantes del país, tuvieron que colaborar con "préstamos forzosos". Desde octubre de 1837, el ministro de Relaciones Exteriores, Luis Gonzaga Cuevas, declinó responsabilidades con el gobierno francés, quien exigía la devolución del dinero de sus compatriotas establecidos en México.

---

[15] De ahí en adelante, se empezaron a llamar colonias a las concentraciones de población que se establecían fuera de la ciudad (ahora Centro Histórico).

El barón Antoine Deffaudis era el representante de Francia en nuestro país y demandaba el pago de 600 mil pesos, pero ante la negativa del ministro mexicano, renunció a su cargo. No obstante, el gobierno francés apoyó al barón, rompió relaciones diplomáticas con México en abril de 1838 y encargó al comandante Bazoche el mando de una flota. El objetivo era presionar a las autoridades mexicanas ya no sólo para el pago del dinero, sino también para reparar los daños materiales sufridos por los franceses a causa de las revueltas. Es decir, garantizar que éstos no volvieran a ser víctimas de los préstamos y pagar una indemnización al pastelero Pierre Lemoine por los destrozos cometidos en su negocio, así como remover de su cargo a los oficiales que habían llevado a cabo tales acciones.

Al principio, la actitud del ministro Cuevas fue intransigente y no quiso negociar mientras los barcos franceses no se retiraran. Sin embargo, el 16 de mayo de 1838 inició el bloqueo marítimo en la isla de Sacrificios en Veracruz, y el 27 de noviembre del mismo año los franceses lograron tomar el fuerte de San Juan de Ulúa. El general Manuel Rincón, a cargo de la defensa de la plaza veracruzana, capituló un día después. Al enterarse de esta situación, Santa Anna, que estaba en su hacienda, decidió ponerse al frente de las tropas mexicanas por su propia voluntad; posteriormente, fue designado para tales tareas de manera oficial. Era la ocasión ideal para el ex presidente de limpiar su nombre y elevar su prestigio; así, cuando los franceses desembarcaron en el poblado de Pocito, Santa Anna perdió en la batalla su pierna izquierda, lo cual lo convirtió en mártir y héroe, aunque no derrotara al enemigo.

De hecho, sólo un acuerdo pudo detener a los franceses. El 9 de marzo de 1839 se firmó un tratado de paz entre los representantes de los dos gobiernos, y en él, México sólo se comprometía a pagar los 600 mil pesos exigidos. Francia aceptó el convenio y al mes siguiente retiró sus tropas del territorio mexicano.

La guerra de intervención norteamericana

A pesar de que la guerra de Texas fue un conflicto entre mexicanos y colonos norteamericanos, México no se enfrentó directamente con

Durante la "Guerra de los Pasteles", los franceses desembarcaron en territorio mexicano. Al contraatacar las fuerzas mexicanas, Santa Anna perdió la pierna izquierda.

el gobierno de Estados Unidos, aunque éste fungió como árbitro en la contienda al declarar las reclamaciones de los texanos como justas, y obligar a pagar a nuestro país las deudas de guerra; sin embargo, la confrontación entre ambos países sí sucedió entre 1846 y 1848.

En estos años, el vecino país del norte estaba en plena expansión territorial que era justificada por la teoría del Destino Manifiesto, en la que se pensaba que Estados Unidos tenía la misión (en cumplimiento de un mandato bíblico y bajo una idea de superioridad) de dominar aquellos lugares donde la libertad y la democracia fueran inexistentes para, precisamente, poder difundir estos principios. Además, desde que se independizaron de Inglaterra, los estadounidenses quisieron extenderse a los territorios del sur, primero españoles y después mexicanos, que estaban gobernados por regímenes debilitados que no pudieron resistirlos. De igual forma, durante la década de los 40 del siglo XIX, muchos norteamericanos empezaron a colonizar tierras californianas; eran, sobre todo, comerciantes que estaban apoyados por el gobierno de Washington.

Por último, las autoridades norteamericanas habían mostrado su interés de anexarse Texas, hecho que se concretó el 1° de marzo de 1845. Cinco días después, el representante de México en Estados Unidos, Juan N. Almonte, "como protesta pidió sus pasaportes" y se rompieron relaciones diplomáticas entre ambos países.[16] El asunto de que Texas se convirtiera en un estado más de la Unión Americana fue interpretado por las autoridades mexicanas como un agravio, mientras que para el presidente estadounidense, James K. Polk, era una oportunidad para negociar con México una posible compra de territorios.

Polk envió a John Slidell a México como ministro plenipotenciario del gobierno norteamericano, lo cual hubiera significado restablecer las relaciones entre los dos gobiernos. México pedía que Slidell fuera recibido como comisionado especial y se sospechaba

---

[16] Josefina Z. Vázquez, "¿Dos guerras contra Estados Unidos?", en Josefina Z. Vázquez (coordinadora), *Op.cit.*, p. 24.

En su exilio, Antonio López de Santa Anna fue requerido en México para encabezar la resistencia a la intervención norteamericana.

que su objetivo era ofrecer una disculpa y pagar una indemnización por la anexión de Texas. Pero ninguna de las dos cosas sucedió: ni se recibió al funcionario estadounidense, ni se restauraron los lazos diplomáticos; además, lo que venía a ofrecer Slidell era la compra de Alta California y Nuevo México, por 25 y 5 millones de dólares, respectivamente.

Polk, entonces, provocó una guerra, que en teoría debía ser pequeña, pero suficiente para derrotar a México, pues como nuestro país no tenía una buena situación económica y no podría pagar los gastos de guerra, Estados Unidos le pediría a cambio la cesión de los territorios ambicionados. El 13 de mayo de 1846 la ofensiva fue declarada bajo el mando del general Zachary Taylor, quien atravesó el río Bravo y días después tomó la ciudad de Matamoros.

Mariano Paredes, presidente de México, empezó a organizar un ejército que pudiera oponérsele al enemigo, pero los disturbios federalistas motivaron su caída y la situación era cada vez más propicia para el avance norteamericano. Mientras, en agosto de 1846, otros cuerpos del ejército de Estados Unidos ocupaban ciudades

La batalla de la Angostura estuvo a punto de convertirse en una victoria mexicana frente a los estadounidenses.

de California y Nuevo México, Taylor irrumpió en Monterrey, Tampico y Saltillo hacia finales del mismo año. Ya para entonces, Santa Anna había vuelto de su exilio para encabezar el gobierno y la guerra, y se enfrentó contra las tropas estadounidenses el 22 de febrero de 1847 en la batalla de la Angostura que, a pesar de haber sido ganada por los mexicanos, tuvieron que obedecer la orden de retirada por falta de víveres. Para colmo de males, Santa Anna se vio obligado a regresar a la capital para resolver la rebelión de los *polkos* y después seguir combatiendo a los enemigos.

Desde esta época, Polk designó a un enviado (Nicholas P. Trist) para recibir cualquier propuesta mexicana de paz y ofrecer, por una cantidad no mayor de 30 millones de dólares, la compra de las Californias, Nuevo México y el istmo de Tehuantepec. Trist intentó sobornar a Santa Anna y éste simuló aceptar, supuestamente para ganar tiempo pero, en realidad, lo único que consiguió fue generar mayor desconfianza. Además, los acercamientos que hubo entre el representante norteamericano y las autoridades mexicanas no rindieron ningún fruto.

De esta manera, las tropas estadounidenses, ahora comandadas por Winfield Scott, entraron al valle de México por el lado sur, mientras que el ejército mexicano las esperaba por el norte. Así se sucedieron las batallas de Padierna, Churubusco, Molino del Rey y, el 13 de septiembre de 1847, la del Castillo de Chapultepec. Esta última pasó a la historia por ser protagonizada por los jóvenes cadetes del Colegio Militar que ahora conocemos como los "Niños Héroes", quienes defendieron con muchas dificultades ese edificio. Desgraciadamente, tampoco ellos pudieron detener el avance norteamericano que impulsó a Santa Anna a renunciar a la presidencia, mientras que la capital fue ocupada el día que, paradójicamente, se celebraba el aniversario de la independencia nacional.

Frente a esta situación que les favorecía, el gobierno de Estados Unidos exigía cada vez más. Ahora, además de las anteriores peticiones, añadía el puerto de Tampico y la disminución de la indemnización acordada. Las reuniones entre los delegados de ambos países duraron un mes, y el 2 de febrero de 1848 se firmaron los *Tratados de Guadalupe-Hidalgo*, documento que estipuló que México

A los cadetes que cayeron en la batalla de Chapultepec, se les conoce como los "Niños Héroes".

reconocía al río Bravo y al paralelo 32 como las fronteras entre los dos países, y la cesión de Alta California y Nuevo México por 15 millones de dólares, mientras que Estados Unidos se comprometía a cubrir las indemnizaciones y los gastos de guerra. Con ello, los mexicanos pudieron conservar Baja California unida por tierra con Sonora, Tampico y el istmo de Tehuantepec, en tanto que algunos norteamericanos, frustrados por no haber culminado con ese expansionismo, trataron de invadir algunos territorios bajo la calidad de filibusteros.

No obstante, la guerra de intervención norteamericana fue un trago amargo que tuvieron que pasar los mexicanos de entonces. El precio de la inestabilidad y la desorganización fue muy alto: se había perdido buena parte del territorio nacional. Por ello, se coincide con la opinión de Josefina Z. Vázquez: "[...] La invasión había

Los cadetes del Colegio Militar defendieron el último reducto mexicano.

producido una sacudida moral que estimularía mayor cohesión nacional y la aparición de una nueva generación en la política del país que, en las dos décadas siguientes, se empeñaría en consolidar la fundación del Estado mexicano".[17]

Los problemas de México al interior

La economía

Paralelamente a los conflictos políticos se encontraba la problemática económica nacional. La situación financiera, desde los inicios de la vida independiente, fue precaria y se agravó más con los vaivenes políticos internos y externos.

En opinión del historiador de la economía, John H. Coatsworth, la mayor dificultad radicó en que, desde los tiempos virreinales, se frenó el crecimiento por las cuestiones fiscales y administrativas de ese régimen. Posteriormente, los primeros gobiernos mexicanos se dedicaron a destruir el orden virreinal para dar paso al ansiado y necesario desarrollo económico, sólo que este proceso duró cerca de 60 años. Otro factor a destacar fue la falta de un sistema de comunicaciones y transportes, lo cual impidió que se estableciera un mercado interno sólido. Para ello, el país tuvo que esperar hasta bien entrada la segunda mitad del siglo XIX, cuando se empezó a cimentar la red ferroviaria. [18]

Además, las leyes de expulsión de españoles descapitalizaron a México, pues los peninsulares que se vieron forzados a salir del país, abandonaron sus haciendas, sus centros mineros y sus negocios, no así los capitales que llevaron consigo, debilitando más la ya maltrecha economía nacional. En el aspecto demográfico, tampoco hubo resultados halagüeños. Los exiliados forzados y voluntarios, las guerras con sus pérdidas humanas, la poca inmigración

---

[17] *Íbid.*, p. 34.
[18] John H. Coatsworth, *Los orígenes del atraso. Nueve ensayos de historia económica de México en los siglos XVIII y XIX*, (prólogo de Enrique Semo), México, Alianza Editorial, 1990, pp. 8-16.

del exterior y el estancamiento poblacional, provocaron una disminución en la demanda de productos y en la mano de obra.

El marco legal e institucional de estos años tampoco favoreció la evolución de las finanzas. Los posibles inversionistas no tenían garantías de obtener los beneficios que justificaran el inicio de un negocio, debido a la inestabilidad jurídica y la inseguridad en los caminos y las ciudades, producto del clima político que se respiraba. La inexistencia de instituciones bancarias y la escasez de circulante inhibían aún más la actividad empresarial. Ésta era una de tantas causas por las cuales la situación fiscal no caminaba bien. Además, estaba la irresponsabilidad de varios estados que no querían colaborar con sus impuestos, sobre todo si estaban bajo una administración centralista. La corrupción y la ausencia de un sistema de cobro eficaz se agregaron a esta lista de motivos. La falta de recursos en la hacienda pública, por lo tanto, fue uno de los dolores de cabeza más fuertes de los mandatos de esa época.

En el campo, el latifundismo fue la constante, por lo que la concentración de la tenencia de la tierra hizo que muchos campesinos fueran despojados, en la mayor parte de los casos, arbitrariamente. No obstante, la producción agrícola fue eficiente, pues durante este periodo los mercados regionales fueron capaces de satisfacer las necesidades alimenticias de la población.

En cuanto a la actividad comercial, ésta tampoco atravesó por un buen momento, pues a pesar de que el comercio exterior aumentó, la balanza estaba desequilibrada debido a que las importaciones eran mucho mayores que las exportaciones, aunque, cabe señalar que los productos extranjeros eran una de las fuentes más importantes para el erario, gracias a los aranceles que se cobraban. Sin embargo, el contrabando ya existente desde finales de la dominación española, continuó en los primeros años del México independiente.

En general, la industria mexicana quedó rezagada con respecto al panorama mundial; si bien hubo intentos por fomentar el desarrollo industrial, como se verá, fueron escasas las fábricas exitosas. Se puede decir que el sector textil fue el que mayores alcances logró.

Como consecuencia lógica de todo lo anterior, los gobiernos de este periodo recurrieron a los préstamos del extranjero. Iturbide fue el primero en solicitarlos, después de fallidos intentos por cubrir el déficit de sus finanzas. La reducción del gasto público, el incremento de impuestos, la puesta en venta de diferentes bienes eclesiásticos, los tan temidos préstamos forzosos y el recurso del papel moneda, fueron medidas insuficientes, por lo que el emperador acudió a Inglaterra en busca de crédito.

Para desgracia de Iturbide, este dinero llegó después de su abdicación y fue el gobierno de Victoria el que lo disfrutó; de hecho, se afirma que gracias a estos recursos, el primer gobierno republicano de México fue uno de los más estables.

Sin embargo, en lugar de que los empréstitos sirvieran para reactivar la economía, la mayor parte se utilizaba para pagar las cuentas pendientes de los gobiernos, por eso se agotaban, y cada vez con mayor rapidez, por lo que se convirtieron en la forma de financiamiento más común. Los efectos más importantes fueron el creciente endeudamiento y la continua situación de quiebra que vivieron las administraciones de esta época.

Así, cuando llegó Guerrero al poder, las circunstancias económicas eran fatales. Su ministro de Hacienda, Lorenzo de Zavala, creó nuevos impuestos sobre el algodón y los carruajes, que generaron una gran inconformidad en la sociedad. A causa del intento de reconquista español, el comercio exterior se frenó e Inglaterra suspendió sus créditos hacia México. En parte, por estos conflictos, Guerrero no continuó en la presidencia.

Anastasio Bustamante tuvo a bien contar con Lucas Alamán en su gabinete. Éste estaba convencido de que lo que México necesitaba era la reactivación económica mediante la intervención y apoyo del Estado. En consecuencia, se creó en 1830 el Banco de Avío, una institución destinada a fomentar la industria a través del otorgamiento de créditos e incentivos fiscales para aquellos que quisieran invertir en ella. Lamentablemente, el Banco de Avío tuvo muy pocos frutos, pues "en sus 12 años de existencia [...] sólo re-

Anastasio Bustamante nombró a Lucas Alamán ministro de Relaciones Interiores y Exteriores.

unió 456 mil pesos [...]" como su capital, en lugar del millón que se había contemplado en un inicio.[19]

Fue también de Alamán la idea de evitar las medidas proteccionistas y permitir la entrada de productos extranjeros para que pagaran los derechos aduanales y evitar, así, que los contrabandistas siguieran con un comercio ilegal que no redituaba en las arcas del erario. Por último, el ministro de Relaciones Interiores y Exteriores prefirió pagar parte de la deuda contraída con los ingleses para que México pudiera obtener, en un futuro, más préstamos.

Santa Anna se caracterizó por ser un gobernante derrochador, por lo que durante sus mandatos la situación económica se agravó. Ya se anotó cómo al encargársele a Gómez Farías el poder, éste quiso disponer de los bienes eclesiásticos para subsanar los altos gastos públicos.

---

[19] José Antonio Bátiz Vázquez, "VI. Aspectos financieros y monetarios", en Ciro Cardoso (coordinador), *México en el siglo XIX, 1821-1910. Historia económica y de la estructura social*, (10a. edición), México, Nueva Imagen, 1992, p. 172.

Las guerras internacionales, además de generar egresos que el país no estaba dispuesto a enfrentar, le restaron fuentes de riqueza y de mano de obra que lo debilitaron todavía más. Aun los 15 millones de dólares que se recibieron por la cesión de Nuevo México y Alta California, sirvieron apenas para cubrir la deuda interna del país.

Cuando la recaudación de los impuestos fue mejorando poco a poco, se convirtió en un instrumento abusivo del gobierno. Particularmente durante la dictadura santannista, pues se aprobaron impuestos sobre las ventanas y puertas de las casas y comercios y por la posesión de caballos y perros, de los cuales estaban exentos los miembros de la Iglesia, los extranjeros y el Poder Ejecutivo.

De esta manera, se observa que la caótica situación financiera del país no se debió sólo a su dependencia externa, sino a un conjunto de factores políticos, económicos y sociales internos. El hundimiento y el atraso fueron las repercusiones que tuvieron que solventar los mexicanos de la segunda mitad del siglo XIX.

Las relaciones con la Iglesia

La importancia de la institución eclesiástica en la historia de México es indiscutible, pues desde que los conquistadores llegaron a estas tierras, la Iglesia aglutinó funciones más allá de las religiosas y continuó colaborando estrechamente con el Estado virreinal. Pero la independencia del país cambió el panorama en todos aspectos y los clérigos fueron uno de los grupos sociales que resintieron más esta transformación. Por ejemplo, aunque el culto y las celebraciones religiosas permanecieron, algunas órdenes fueron suprimidas, las vocaciones disminuyeron y no se construyeron nuevos templos.

Cabe destacar que, si bien entre 1821 y 1855 la Iglesia mantuvo relaciones tensas con el Estado, no llegó a enfrentarse directamente con las autoridades, como sucedería años más tarde. Uno de los conflictos que marcó esta época fue el del Patronato Real. Al haberse independizado México, no se sabía quién iba a nombrar a las autoridades eclesiásticas, ya que esta facultad había sido desempeñada por el monarca español. La mayor parte de los clérigos estaban a favor de que la propia jerarquía de la Iglesia asumiese dichas responsabilidades, pero el emergente gobierno mexicano también reclamaba este derecho.

Ante las vacantes de algunos obispados, los cabildos quedaban en su lugar, pero esto provocaba una gran confusión entre los feligreses. Entonces, el presidente Victoria decidió, en 1823, enviar a Roma una comisión encabezada por el canónigo de Puebla, Francisco Pablo Vázquez, con el objetivo de decidir de una vez por todas quién debía designar a las principales autoridades de la Iglesia. No obstante, el Papa León XII emitió un documento llamado *Etsi iam diu* (1825), en el que invitaba a los obispos americanos a restablecer la estabilidad de la religión, y pedía veladamente que se apoyaran los planes de reconquista que estaba fraguando el rey de España.

Esta situación obligó a Victoria a ordenar la suspensión de la comisión, cuyos integrantes ya habían llegado a Londres. Fue hasta 1830 que Vázquez llegó a Roma para pedir el nombramiento de los titulares de las diócesis. Una vez más, los mexicanos fracasaban en su intento, pues el entonces Papa, Pío VIII, sólo aceptó investir a vicarios apostólicos (representantes de la Iglesia asignados a las misiones).

> Para México fue providencial la elección de Gregorio XVI, Bartolomé Alberto Capellari. Ya desde su primer Consistorio, 28 de febrero de 1831, nombró seis obispos para las diócesis vacantes de México, precisamente los candidatos que por medio del señor Vázquez presentaba don Anastasio Bustamante asesorado por los respectivos cabildos. [20]

Entonces, el mismo pontífice propuso abiertamente en una bula el inicio del establecimiento de relaciones con aquellos países recién independizados en América y que España aún no quería reconocer. El 5 de diciembre de 1838, la Santa Sede recibió a Manuel Díez Bonilla como ministro plenipotenciario de México, sin que se lle-

---

[20] José Gutiérrez Casillas, *Historia de la Iglesia en México*, (3a. edición), México, Porrúa, 1993, p. 255.

vara a cabo ningún concordato. Por lo tanto, el Patronato no se concedió a los gobiernos americanos, según parece, por la ideología liberal que la mayor parte de ellos tenían.

Hay que recordar que la expulsión de los españoles en 1829 también afectó a la Iglesia, pues se calcula que unos 267 religiosos tuvieron que salir del país por ser peninsulares. Además, desde la fundación del Partido del Progreso, a principios de la década de los treinta, sus miembros pensaron en la conveniencia de debilitar a la Iglesia quitándole sus privilegios políticos, económicos e ideológicos y, de esta manera, fortalecer al Estado. Así se explican las medidas que tomó Gómez Farías en 1833, cuando quiso ejercer el derecho de Patronato, nombrar a curas y suprimir sacristías, otorgándole esta facultad a los gobiernos locales. El vicepresidente ordenó el destierro del obispo de Linares, mientras que otros tuvieron que salir de sus sedes episcopales y ocultarse de las autoridades. Como ya se sabe, buena parte de la sociedad se opuso a la aplicación de estas leyes y, finalmente, Santa Anna restableció el *status quo* anterior.

Los liberales radicalizaron cada vez más su postura con respecto a la Iglesia; por ejemplo, con la llegada del centralismo muchos clérigos tuvieron que emigrar del país y refugiarse en Estados Unidos, donde se firmó el *Pacto de Nueva Orleáns*. Este documento de 1835 se pronunciaba por incautar los objetos de oro y plata en posesión de los templos, secularizar y suprimir los conventos y proclamar de la libertad de cultos, y aunque estas medidas no llegaron a aplicarse entonces, eran una señal de los tiempos por venir.

Cabe mencionar que durante la guerra de intervención de Estados Unidos, la Iglesia fue de las pocas instituciones que colaboró económicamente para los gastos del gobierno. Su ayuda era de 20 mil pesos mensuales, cifra que no llegaron a cubrir algunos de los estados de la República.

Poco tiempo después de terminada la intervención norteamericana, y con Herrera como presidente, llegó la noticia de que el Papa Pío IX había sido expulsado de Roma precisamente por un movimiento liberal. El pontífice tuvo que refugiarse en la ciudad de Gaeta, Italia y hasta ahí llegó un donativo que le hizo el gobierno mexicano de 25 mil pesos. El gesto, aunque caro para las condiciones financieras del país, resultó ser de alto valor diplomático, pues el Papa resolvió enviar a un agente de la corte pontificia a México, lo que equivalía al establecimiento de relaciones con Roma.

El 11 de noviembre de 1851 llegó el primer representante de la Santa Sede en nuestro país, Luis Clementi; sin embargo, un grupo de diputados rechazó el nombramiento del Delegado Apostólico, bajo el argumento de que la Iglesia estaba interviniendo en los asuntos internos de México. Fue durante la corta presidencia de Lombardini que se permitió la entrada de Clementi (30 de marzo de 1853), condicionándola a que éste no se involucrara en materia política.

Finalmente, durante la dictadura santannista, la Iglesia gozó de muchos beneficios: se le exentó del pago de impuestos, se decretó el restablecimiento de la Compañía de Jesús (aunque nuevamente se suprimiría en 1856) y se fundó la orden religiosa-militar de Nuestra Señora de Guadalupe; parecía que los clérigos recuperaban el territorio perdido, sin embargo, pronto se demostraría lo contrario.

Cultura

Los cambios culturales suelen ser más lentos que los políticos, económicos e incluso los sociales. En este sentido, hay que tener presente que si México había roto lazos con España, las tradiciones, costumbres, letras y artes plásticas siguieron impregnadas de la herencia novohispana; es decir, el país que obtuvo su independencia en 1821, no podía desprenderse de su pasado mestizo, producto de la presencia y mezcla de los elementos indígenas y españoles.

No obstante, durante la primera mitad del siglo XIX hubo intelectuales y artistas que estaban a favor de un rompimiento cultural con todo aquello que recordara al virreinato, mientras que otros argumentaban que esto era prácticamente imposible y, por lo tanto, instaban a preservar y continuar con los principios heredados de la tradición novohispana. Eran los románticos y clasicistas, respectivamente, aunque se trataba de grupos de la élite cultural de

México. Por otro lado, estaba el resto de la sociedad, que continuó con sus propias costumbres más allá de las ideologías, y que conformaba lo que actualmente conocemos como cultura popular mexicana.

Así, la poesía que se desarrolló en los primeros años de vida independiente de México estuvo marcada por autores como Manuel Carpio, que retomaron temas tradicionalistas como los cristianos. José Joaquín Pesado fue un poco más ecléctico, pues sus poemas no sólo eran descriptivos, sino que se permitía la expresión de sus sentimientos, como hacían los románticos.

Estos últimos no sólo lograron exteriorizar sus pasiones, sino también darle a la poesía aires de libertad, pues ignoraban las reglas habituales de la composición; además, las temáticas iban desde el paisaje hasta el pasado indígena. Se considera a Ignacio Rodríguez Galván y a Fernando Calderón como los primeros poetas románticos de México. A pesar de no ser originario del país, el cubano José María Heredia escribió varias obras donde muestra los rasgos de esta corriente; he aquí parte de su poema *En el teocalli de Cholula:*

> ¡Cuánto es bella la tierra que habitaban
> los aztecas valientes! En su seno
> en una estrecha zona concentradas
> con asombro se ven todos los climas
> que hay desde el Polo al Ecuador. Sus llanos
> cubren a par de las doradas mieses
> las cañas deliciosas. El naranjo
> y la piña y el plátano sonante
> hijos del sueño equinoccial, se mezclan
> en tu frondosa vid, al pino agreste,
> y de Minerva al árbol majestuoso.[21]

El género de la novela empezó a desarrollarse también en esta época. La figura más destacada fue José Joaquín Fernández de Lizardi,

---

[21] Citado en Francisco Montes de Oca, *Ocho siglos de poesía*, (10a. edición), México, Porrúa, 1983, (Sepan cuantos..., 8), p. 251.

primer prosista que siguió el estilo de la picaresca; así, *El Periquillo Sarniento* (1816) tiene como protagonista a un personaje cuya vida y falta de conciencia lo conducen por caminos insospechados. Lo valioso del libro de Lizardi es la descripción de las costumbres de la sociedad de la época, la facilidad con la que reproduce el lenguaje cotidiano y su mensaje moralista y crítico. Más adelante, y bajo el mismo esquema, el también llamado *Pensador Mexicano*, escribió *La Quijotita y su prima* (1818-1819), donde expone su concepción de cómo debía ser una mujer decente.

En una época donde la política fue constante tema de discusión, era obvio que aparecieran diversas publicaciones que expusieran las ideas de las diferentes posturas. Para sus argumentaciones y justificaciones, varios autores hicieron uso de la historia y, de esta forma, se escribieron varias versiones para narrar y explicar el movimiento de independencia y los gobiernos subsecuentes.

La primera obra que se escribió con el tema insurgente fue la de fray Servando Teresa de Mier titulada *Historia de la revolución de Nueva España* (1813); después sería uno de los propugnadores del centralismo, por lo que en sus *Memorias* (publicadas hasta 1924) mostraría las ventajas de este sistema.

Carlos María de Bustamante sería otro ensayista partidario de esta tendencia política. Su obra bibliográfica más destacada fue el *Cuadro histórico de la revolución de la América Mexicana* (1823), la cual no resultó del agrado de algunos de sus contemporáneos, uno de ellos el también centralista y conservador Lucas Alamán. En un principio, este autor escribió unas *Disertaciones sobre la Historia de México* (1849) que abarcaba el desarrollo del territorio mexicano durante la dominación española; más tarde, se abocó a tratar el devenir del movimiento de emancipación, así, su famosa *Historia de México* (1852) surgió con el objetivo de aclarar muchos de los datos, según él equívocos, que había dado Bustamante. Este último libro se convirtió en una de las fuentes más importantes hasta la fecha para conocer el tema.

Por otro lado, los federalistas también tuvieron brillantes representantes. Lorenzo de Zavala escribió su *Ensayo histórico de las revoluciones de México* (1831-1832), dos volúmenes que incluían los años 1808-1830. Mientras que el doctor José María Luis Mora, uno de los intelectuales liberales más destacados, publicó, entre otras obras, *México y sus revoluciones* (1836).

Lo más sorprendente de todos estos escritores decimonónicos, y otros más, era la capacidad de reflexión y análisis cuando, aparte de su intensa actividad literaria, desempeñaron importantes cargos gubernamentales. Además de ser diputados, ministros o consejeros de diferentes administraciones y escribir voluminosos libros, también dedicaban parte de su tiempo a publicar artículos periodísticos, y es que en términos generales, el siglo XIX fue una época fructífera para el periodismo mexicano.

De esta manera, las publicaciones periódicas, así como los folletos, pasquines y hojas sueltas, fueron importantes instrumentos que utilizaron los partidos políticos para defender sus tesis y atacar a sus enemigos. Aunque no todos tuvieron una larga duración, sus "ires y venires" correspondieron a la situación política y económica del México de aquellos años.

Carlos María de Bustamante había ejercido como periodista desde 1805, continuó haciéndolo como insurgente y, finalmente, como centralista. Por ejemplo, escribió para *El Sol*, publicación que inició apoyando a los monárquicos en 1821 y después fue uno de los medios de propaganda centralista. Surgió luego *La Voz de la Patria* (1830), donde también escribió Bustamante. Alamán, por su parte, fundó *El Tiempo* en 1846 para contrarrestar el periodismo federalista evidentemente superior, publicación que vivió poco tiempo para ser sustituida por *El Universal* (1848).

Los federalistas fundaron en 1823 *El Águila Mexicana* —gran opositor de *El Sol*—, y más tarde *El Correo de la Federación Mexicana* (1827), que fue uno de los portavoces de la postura antihispanista que logró la expulsión de los peninsulares. *El Fénix* (1831) fue otro de los periódicos federalistas más críticos y que tuvo a Zavala como uno de sus principales articulistas. Dentro de esta tendencia, y en pleno régimen centralista, aparecieron dos de los más importantes periódicos de toda la época, *El Siglo XIX* (1841) y *El Monitor Republicano* (1844); ambos se manifestaron abiertamente en contra de la dictadura santannista.

También hubo periódicos neutrales como *El Iris* (1826), donde apareció por primera vez una caricatura política, y *El Observador de la República Mexicana* (1827) de Mora, cuando éste todavía no radicalizaba su postura liberal. La tradición hemerográfica continuó durante el resto del siglo XIX, considerándose, por ello, un reflejo de los intereses e inquietudes de la sociedad mexicana.

Las artes plásticas mexicanas, en cambio, vivieron uno de sus periodos más difíciles, pues la falta de estabilidad política pero, sobre todo, de recursos económicos, hizo que los artistas tuvieran pocas oportunidades de construir, esculpir y pintar. La principal institución que se dedicaba a la formación de dichos artistas fue la antigua Real Academia de San Carlos, la cual cerró sus puertas en 1821 y no reanudó sus labores de enseñanza hasta 1843. Sin embargo, su capital nunca sería suficiente como para cubrir todas las necesidades de los creadores.

Por su técnica y el costo de sus materiales, fue la pintura el arte plástica que más se desarrolló. Dos figuras sobresalieron en esta primera mitad del siglo XIX. El mexicano Juan Cordero quien, además de estudiar en San Carlos, obtuvo un cargo en Roma por el gobierno de Anastasio Bustamante que le permitió perfeccionar sus habilidades. Su obra está conformada por retratos como los que le hizo a Santa Anna y a su esposa en 1855, cuadros con tema religioso como *El Redentor y la mujer adúltera* (1853), y los murales de los templos de Jesús María y Santa Teresa. Cordero rivalizó con el otro pintor destacado de esta época, el español Pelegrín Clavé.

Este artista pertenecía a las escuelas clásicas española e italiana de pintura. Llegó a México en 1846 y pronto se convirtió en el maestro de la futura generación de artistas mexicanos; introdujo las materias de dibujo anatómico con modelos vivos, perspectiva y paisaje natural. Su obra se caracteriza por los temas bíblicos y precortesianos, y sus retratos de personajes reconocidos como los de los políticos Andrés Quintana Roo (1850) y Mariano Paredes y Arrillaga, entre otros. Permaneció en México hasta 1868, después del derrocamiento del Segundo Imperio.

Hay que mencionar que también se desarrolló una pintura popular, sin ningún academicismo, pero que fue muestra de los sentimientos que albergaban los mexicanos apartados de la élite.

Los llamados exvotos son un ejemplo de ello; eran pequeños cuadros con los que la gente agradecía algún favor realizado por una imagen religiosa. Expresaban no sólo la devoción de los feligreses, sino también sus costumbres y valores.

La escultura fue la que más sufrió los estragos de estos años, pues los eclesiásticos, los principales clientes de los escultores, dejaron de contratarlos ante su precaria condición económica. Reabierta la Academia de San Carlos, el maestro Francisco de Terrazas, hijo de otro escultor, quedó a cargo de la enseñanza de este arte y realizó algunas estatuas de la Basílica de Guadalupe. Posteriormente, el maestro de escultura de la Academia fue Manuel Vilar, español que llegó con Clavé. Aquél introdujo la corriente romántica entre los artífices mexicanos, por lo que fue para la escultura lo que su compatriota para la pintura en México; de él es la estatua de Cristóbal Colón (1852). Entre sus alumnos despuntó Martín Soriano, autor de un altorrelieve denominado *La Paz* (1853) y del *San Lucas* (1860) de la Escuela de Medicina.

En arquitectura, durante las primeras dos décadas de vida independiente sólo se llevaron a cabo algunas obras menores, pues las grandes construcciones quedaron lejos de poder financiarse. Así, Pedro Patiño Ixtolinque, arquitecto indígena, terminó en 1827 el retablo mayor del Sagrario de la catedral de la Ciudad de México. Ya en los 40, el español Lorenzo de la Hidalga erigió el desaparecido Teatro Nacional (1844) y el Ciprés de la misma catedral (1849), entre otros edificios.

Además de las artes plásticas, fue a principios del siglo XIX cuando se dio a conocer en México la litografía —técnica para reproducir un dibujo trazado con lápiz graso sobre piedra caliza— por el italiano Claudio Linati. Parte del material de este autor fue publicado por *El Iris* y gracias a sus enseñanzas empezaron a surgir importantes grabadores en México como José Gracida. Otros extranjeros también dejaron obra litográfica en nuestro país como el francés Federico Waldeck, el italiano Pedro Gualdi y los ingleses Daniel Thomas Egerton y George Periam, este último, maestro en San Carlos. Cabe mencionar que buena parte de los periódicos de esta época estaban ilustrados por grabados en madera de Hipólito Salazar, Plácido Blanco y Casimiro Castro, todos ellos nacionales.

3

ENTRE LA GUERRA CIVIL Y LA INVASIÓN EXTRANJERA

La Revolución de Ayutla y la Constitución de 1857

Durante 1855, el último gobierno de Santa Anna era insoportable para la mayor parte de los mexicanos, e insostenible para su dirigente, pues la oposición crecía de la misma manera en que el dictador aumentaba sus medidas represoras. Además, parecía que el viejo orden de cosas había regresado, pues la Iglesia logró recuperar algunos privilegios, los extranjeros gozaban de la exención de impuestos y los pequeños grupos de la alta sociedad se habían beneficiado.

Los liberales salieron nuevamente a la palestra demandando aquellos principios por los cuales habían luchado desde tiempo atrás, pero ahora inflamados de un nacionalismo que empezó a caracterizarlos en la segunda mitad del siglo XIX. A pesar de que sobrevivían hombres como Gómez Farías y Mora, les sucedieron miembros de una nueva generación que serían más radicales. Nombres como Melchor Ocampo, Guillermo Prieto, Benito Juárez, Santos Degollado, Ignacio Manuel Altamirano, y Ponciano Arriaga, entre otros, empezarían a escucharse cada vez más en los círculos políticos.

El principal objetivo de estos jóvenes liberales era la modernización del país en todos los aspectos, por eso proponían: una democracia basada en el respeto a los derechos individuales, como la igualdad, la propiedad y, sobre todo, la libertad. Esta última tenía que extenderse al campo laboral, religioso, y de la expresión. Finalmente, señalaban que la principal vía para alcanzar el tan ansiado progreso era la educación en todos los niveles de la sociedad.

Bajo dicho contexto fue que se desarrolló en el sur del país la Revolución de Ayutla, la cual fue encabezada por Juan Álvarez, un cacique que desde los tiempos de la insurgencia había establecido su influencia en lo que actualmente es el estado de Guerrero. El liderazgo y la fuerza que tenía Álvarez incomodaban a Santa Anna, de tal manera que en 1854 decidió quitarle algunos de sus apoyos: depuso de su cargo al comandante de la Costa Chica, Florencio Villarreal, y al administrador de la aduana de Acapulco, Ignacio Comonfort, además de que envió a la región cuerpos militares con el pretexto de que existía la amenaza de ataques piratas. De esta manera, el cacique sureño decidió levantarse en armas contra el dictador.

El 1° de marzo de 1854 se redactó el Plan de Ayutla, respaldado por varios dirigentes liberales. Con las posteriores reformas que le hizo Comonfort al plan, el propósito era rechazar cualquier intento de que México se convirtiera en una monarquía, sospecha que recaía en Santa Anna desde que se había nombrado "Su Alteza Serenísima". Por lo tanto, se debía de derrocar a éste y establecer, al triunfo del movimiento, una presidencia interina que convocara a un congreso constituyente y a nuevas elecciones.

Según el historiador mexicano Edmundo O'Gorman, la Revolución de Ayutla no se organizó contra el sistema, sino contra la persona de Santa Anna. Al inicio, no era un levantamiento liberal, pero los opositores al régimen se adscribieron a él para desaparecer del mapa político al dictador.[22] El hecho fue que este apoyo moral, militar y económico sirvió para que el movimiento se extendiera por varias regiones del país (Michoacán, Tamaulipas, Nuevo León, San Luis Potosí, Querétaro), y para que los seguidores de la Revolución triunfaran. Así, el once veces presidente no tuvo mucho qué hacer y abandonó el país para exiliarse nuevamente en Colombia en agosto de 1855.

Como lo estipulaba el Plan de Ayutla, se eligió a un presidente interino: Juan Álvarez. Con él también empezó a gobernar la nueva generación liberal; por ejemplo, Melchor Ocampo era ministro de Relaciones Exteriores, Benito Juárez de Justicia, Miguel Lerdo

---

[22] Cfr. Edmundo O'Gorman, "Precedentes y sentido de la Revolución de Ayutla", en *Plan de Ayutla. Conmemoración de su primer centenario*, México, UNAM/Facultad de Derecho, 1954, p. 177.

Durante el gobierno de Ignacio Comonfort se redactó la Constitución de 1857.

de Tejada de Fomento, Guillermo Prieto de Hacienda e Ignacio Comonfort de Guerra y Marina. Cabe destacar que no todos los liberales compartían las mismas ideas, pues los más radicales o puros querían llevar a cabo sus objetivos de manera inmediata y a cualquier costo, mientras que los moderados preferían lograr sus metas a un largo plazo con tal de no arriesgar lo ya obtenido.

Durante su corta estancia en el poder (del 4 de octubre al 11 de diciembre de 1855), Álvarez convocó a un Congreso constituyente y promulgó la *Ley Juárez* que suprimió los fueros eclesiásticos y militares. Desde este momento, los liberales empezaron a señalar el rumbo de su política.

Juan Álvarez renunció a la presidencia, entre otras razones, por los problemas existentes entre puros y moderados. Precisamente dejó en su lugar a un representante de estos últimos: Ignacio Comonfort, cuyo gobierno tampoco fue fácil, pues mientras se hacían los trabajos para redactar una nueva Constitución, el Poder Ejecutivo emitió una serie de leyes que causaron controversias.

En primer lugar, se expidió la *Ley Lafragua* que regulaba la libertad de prensa. Posteriormente, se redactó un *Estatuto Orgánico Provisional*, es decir, un código temporal por el cual se rigiera al país. En este documento ya se establecían las garantías individuales y se prohibía todo lo que atentara contra ellas: los privilegios, los azotes, los títulos nobiliarios, los préstamos forzosos, la pena de muerte... Además, se promulgó la *Ley Lerdo* que desamortizaba los bienes que no fueran productivos, principalmente los de la Iglesia, pero también las propiedades comunales de los pueblos indígenas se vieron afectadas con dicha medida. Los objetivos principales de esta última ley eran crear un grupo de pequeños propietarios que trabajaran estas tierras y que pudiera haber una mayor circulación y distribución de la riqueza. Al mismo tiempo, se buscó quitarle al clero parte de su poderío económico y someterlo a la autoridad estatal.

La *Ley Iglesias*, por su parte, impidió que los clérigos cobraran a los pobres el diezmo, así como por los servicios parroquiales que les ofrecieran. Por último, el gobierno de Comonfort extinguió la Compañía de Jesús y la comunidad franciscana, secularizó los cementerios y estableció el Registro Civil. La suma de todas estas medidas provocó que las relaciones entre la Iglesia y el Estado se tensionaran, y que una ola de movimientos conservadores se organizara.

Mientras tanto, el Congreso fue el escenario de las discusiones entre radicales y moderados, ya que el clero fue excluido. La mayor parte de los congresistas eran jóvenes liberales, pero con una variedad de posturas. Los ejes de los debates fueron la estructura del poder, la tolerancia de cultos y la propiedad. Finalmente, la Constitución se promulgó el 5 de febrero de 1857 con una tendencia más moderada que radical.

Al igual que la de 1824, esta Carta Magna establecía como forma de gobierno la república federal, aunque el Senado y la vicepresidencia fueron eliminados. Con respecto al poder, se decide la preeminencia del Poder Legislativo por encima de los otros dos poderes, con el fin de impedir un gobierno tiránico. Enfatizaba que los derechos del hombre eran la base de las instituciones; así, la libertad, la igualdad y el derecho de propiedad fueron ratificados en el texto constitucional. Indudablemente, el primero de estos tres derechos era el más importante para los constituyentes, pues se consagraban las libertades de enseñanza, trabajo, pensamiento, asociación e imprenta. Pero la prerrogativa que concedió la Constitución del 57 y que no tuvo una buena acogida fue la de la libertad de cultos con preferencia al católico que, junto a las facultades que se le otorgaron a los poderes federales para intervenir en materia religiosa, causó gran escándalo entre los círculos conservadores y católicos del país. No obstante, la Constitución fue jurada por los congresistas el día de San Felipe de Jesús, único santo mexicano en ese entonces, y junto a un crucifijo.

Los conservadores y partidarios de la Iglesia demandaron modificaciones al texto constitucional, primeramente por medios pacíficos, aunque poco a poco se fueron violentando. Por su parte, Comonfort no tuvo una postura definida, pues aunque no apoyó a los conservadores directamente, en noviembre de 1857 pidió que se hicieran ciertas reformas a la Constitución. Esta actitud provocó reacciones encontradas: mientras los liberales pedían una mayor intervención y firmeza por parte del presidente, sus enemigos descalificaron su actitud; faltaba muy poco para que los dos bandos se enfrentaran en una guerra civil.

La Guerra de Reforma

El lema "Religión y fueros" fue característico de los movimientos conservadores que empezaron a organizarse desde 1857. En general, defendían sus privilegios porque, según ellos, éstos no provenían del Estado sino del Papa. Por lo tanto, eliminar los poderes y las leyes liberales eran los principales objetivos de los opositores del régimen que se distribuían principalmente en el centro y occidente de México.

En un principio, la Iglesia decretó la excomunión a los compradores de los bienes desamortizados y a los que juraran el código de 1857. Posteriormente, se organizaron movimientos populares de protesta y aumentó la inquietud entre la opinión pública. Algu-

Féliz María Zuloaga se opuso a la Carta Constitucional con el Plan de Tacubaya.

nos conservadores veían a la Constitución como un documento irre-
ligioso e inadaptable a la realidad de un país católico como México. No obstante, los conservadores tampoco formaban un grupo
monolítico; así, periódicos como *El Tiempo*, proponían que los recursos obtenidos por la venta de los bienes eclesiásticos podían
servir para crear un banco nacional o para la construcción de redes
ferroviarias, pero la intolerancia estaba presente tanto entre los liberales como entre los conservadores, por lo que se convirtió más
en un problema práctico y de ingobernabilidad, que en uno religioso. Las posiciones se volvieron cada vez más radicales e irre-
conciliables.

En Puebla, el levantamiento conservador tuvo la colaboración
de militares quienes, al lado de los clérigos, fueron derrotados por
las fuerzas federales. El motín comandado por Manuel Lozada (apodado "El Tigre de Alica") y que se llevó a cabo en Nayarit, comenzó como una revuelta campesina apoyada por los indígenas de
aquellas tierras, afectados por las medidas desamortizadoras. Poco

tiempo después, el movimiento lozadista se adhirió al Plan de Tacubaya con el que inició la Guerra de Reforma.

Félix María Zuloaga era un militar conservador que había apoyado los gobiernos de Anastasio Bustamante y Antonio López de Santa Anna. Se opuso desde el principio al régimen establecido por la Revolución de Ayutla y, el 11 de diciembre de 1857 vio la oportunidad de levantarse con el Plan de Tacubaya. En él se solicitaba el cese de la Constitución y la convocación de un Congreso extraordinario, aunque se reconocía a Comonfort como jefe del Ejecutivo. Este último punto se comprende en el sentido de que el presidente, por su postura indecisa, podría finalmente ceder ante los conservadores, como en efecto sucedió para sorpresa de los liberales. A pesar de esto, los miembros del Congreso condenaron el plan y acusaron de traición a Comonfort.

No pasó mucho tiempo para que el presidente quisiera echar marcha atrás a su decisión de apoyar a los levantados, pues Zuloaga lo obligó a aprehender a algunos legisladores y al propio presidente de la Suprema Corte de Justicia, Benito Juárez. Pero era demasiado tarde, Comonfort nunca obtuvo el apoyo de los liberales y los conservadores pronto lo desconocieron y nombraron como presidente a Zuloaga con el Plan de la Ciudadela. Después de liberar a los políticos encarcelados, salió hacia Estados Unidos.

Dado que la Constitución de 1857 eliminó el cargo de vicepresidente, se establecía que ante la ausencia del jefe del Ejecutivo era el presidente de la Suprema Corte quien debía sustituirlo, en el presente caso, Benito Juárez. Éste salió de la capital, que estaba dominada por los conservadores, y se trasladó a la ciudad de Guanajuato, donde fue proclamado como presidente de la República Mexicana. Desde este momento, el argumento de la legitimidad será la principal arma de los liberales. Fue así como el país tuvo dos presidentes y quedó dividido en una guerra fratricida que duraría tres años.

Por su parte, los conservadores crearon una Junta de Gobierno formada por militares, abogados, clérigos y aristócratas, como Ignacio Aguilar y Marocho, Manuel Larráinzar, Teodosio Lares y Juan Rodríguez de San Miguel, y que fungió como Poder Legislativo. Afortunadamente para ellos, la mayor parte del ejército se puso de su lado, hombres como Miguel Miramón, Tomás Mejía, Leonardo Márquez y Luis G. Osollo tuvieron a su mando cuerpos militares disciplinados que destacaron en importantes batallas contra los liberales.

Éstos, en cambio, pasaron momentos difíciles para organizar un ejército. Muchos de sus combatientes tenían poca experiencia como soldados y se hicieron en la marcha y, paulatinamente, fueron progresando; así lo hicieron Santos Degollado y Pedro Ogazón. Otros más sí habían gozado de una educación militar; era el caso de Ignacio Zaragoza y Jesús González Ortega. Lograron formar una coalición de estados que defendían la aplicación de la Constitución: Jalisco, Guanajuato, Querétaro, Michoacán, Colima, Zacatecas y Aguascalientes; después se añadieron Veracruz, Oaxaca, Nuevo León y Guerrero.

Zuloaga no fue muy exitoso como gobernante, pues era un hombre ajeno a las estructuras del poder y no tenía la habilidad política de manejar ni siquiera al Ayuntamiento de la ciudad de México para obtener su lealtad. Por otro lado, para financiar su ofensiva contra los liberales, el presidente conservador pidió préstamos forzosos, lo cual era una medida impopular que generó el desencanto entre los capitalinos favorables a su gobierno.

Aun así, los conservadores lograron en marzo de 1858 derrotar a los liberales en la batalla de Salamanca; fue entonces cuando éstos decidieron formar la alianza de los estados para tratar de combatir así la amenaza de los enemigos; su objetivo: ahorcarlos financieramente. Por ello, surgió la idea de trasladar la sede del poder liberal a Veracruz, principal puerto comercial y, por lo tanto, centro de pago de aranceles. En consecuencia, Juárez se trasladó a Guadalajara para después partir hacia Panamá y llegar a la costa jarocha por el Golfo de México, no sin antes salvar la vida gracias a la defensa de Guillermo Prieto que ante la inminente muerte de Juárez gritó "¡Los valientes no asesinan!".[23]

---

[23] Salvador Ponce de León, *Sucesos extraordinarios de la Reforma*, México, Compañía Editorial Impresora y Distribuidora, 1978, p. 29.

*El general conservador más
destacado de la Guerra de Reforma
fue Miguel Miramón.*

Mientras tanto, los conservadores siguieron avanzando por el norte del país, porque la alianza clero-ejército logró muchos adeptos en gran parte de la república. Además, obtuvieron un importante reconocimiento internacional, aunque a raíz de los préstamos forzosos, Estados Unidos apoyaría al gobierno de Juárez. A finales de 1858, empezó a fragmentarse el bloque conservador: se desconoció a Zuloaga como ejecutivo y desde el 2 de febrero de 1859 fue presidente Miguel Miramón, también conocido como "el joven Macabeo".

En efecto, a pesar de que Miramón tenía apenas 27 años, se había destacado como uno de los jefes militares con más triunfos entre los conservadores. El objetivo del nuevo líder era tomar Veracruz para derrotar definitivamente a sus enemigos, pero fracasó en su intento en marzo de 1859, ya que tuvo que regresar a la ciudad de México que estaba amenazada por las tropas de Degollado.

Durante el segundo año de enfrentamientos, los dos bloques buscaron el apoyo de potencias extranjeras. En abril, Estados Unidos reconoció al gobierno juarista a través de la firma del *Tratado*

MacLane-Ocampo. Las condiciones que impusieron los norteamericanos fueron el derecho de vía entre El Paso y Guaymas, entre ésta y Mazatlán y el libre tránsito por el istmo de Tehuantepec. Además del apoyo moral, los liberales recibieron cuatro millones de pesos y la posibilidad de establecer lazos comerciales con el país vecino del norte. Afortunadamente, el Senado estadounidense no aceptó el documento porque se consideró que México no tenía un gobierno plausible, por las dificultades prácticas para la aplicación de las cláusulas de libre comercio, por la inminente guerra de secesión y porque sus rentas federales no se encontraban en óptimas condiciones.

Por su parte, en septiembre de 1859, los conservadores firmaron con el gobierno español el *Tratado Mon-Almonte*, en el que los mexicanos reconocían una deuda con España que se había contraído desde 1853 y el pago de daños ocasionados a propiedades de peninsulares en 1856. Debido a que los conservadores no salieron victoriosos de la Guerra de Reforma, este tratado nunca se cumplió.

Como puede observarse, ambos tratados fueron de gobiernos desesperados por obtener apoyos y dispuestos a todo, aun a anteponer la soberanía del país; sin embargo, no fueron factores decisivos para el desarrollo del conflicto, de ello se encargaron las *Leyes de Reforma.*

Entre los liberales se discutió mucho acerca de la conveniencia de redactar una serie de medidas que permitieran al Estado debilitar a la Iglesia y subordinarla definitivamente. La aplicación de estas leyes iniciaría desde la toma militar de las plazas para así extenderlas a todo el país. Además, con los recursos obtenidos, se podrían seguir cubriendo los gastos de guerra.

Así, el 12 de julio de 1859 se promulgaron las *Leyes de Reforma* que establecían: la separación entre la Iglesia y el Estado, la nacionalización de los bienes eclesiásticos, la extinción de órdenes monásticas, la institución del registro civil, la secularización de los cementerios, hospitales y organismos de beneficencia, la tolerancia de cultos y la prohibición, para los funcionarios públicos, de asistir oficialmente a ceremonias religiosas.

Las Leyes de Reforma, promulgadas por el gobierno juarista, establecieron medidas contra los bienes eclesiásticos.

A partir de entonces, el panorama se despejó para los liberales, quienes empezaron a recuperar el territorio perdido. Por su parte, Miramón trató de sitiar nuevamente Veracruz en marzo de 1860, con el mismo resultado fallido, por lo que solicitó a Juárez un armisticio que éste rechazó inmediatamente. Arrancaría la declinación conservadora: Zuloaga intentó restablecerse en la presidencia y sufrió una dolorosa derrota en Silao, por lo que Miramón abandonó su cargo en agosto, aunque de manera temporal para dirigirse a Calpulalpan. Fue en este poblado donde se llevó a cabo una batalla decisiva en la que salieron victoriosos los liberales dirigidos por González Ortega (22 de diciembre). En los primeros días de 1861 se reinstaló el gobierno liberal en la ciudad de México con Juárez a la cabeza.

No obstante, los enfrentamientos no se suspendieron totalmente. Se mantuvieron milicias conservadoras en Sierra Gorda, Puebla y el Bajío, que el gobierno no pudo controlar. Estos movimientos victimaron a liberales ilustres como Santos Degollado, Leandro Valle y Melchor Ocampo. El gobierno juarista se vio impotente frente a los todavía levantados en armas; por lo tanto, la guerra no acabó, más bien se transformó en una intransigente y violenta guerrilla.

A pesar de esto, Juárez se propuso restaurar el orden constitucional con el Congreso y su designación oficial como presidente. Trató con imparcialidad a los rebeldes, aunque expulsó del país a los diplomáticos y clérigos que apoyaron a los conservadores, entre los cuales se encontraban el Delegado Apostólico Clementi, el arzobispo de México, Lázaro de la Garza, y los embajadores de España, Guatemala y Ecuador. Asimismo, intentó asegurar las libertades de enseñanza y prensa y de poner en práctica las *Leyes de Reforma*.

Para el jefe del Ejecutivo era indispensable que el Estado se reforzara y fuera un agente de progreso, aunque las condiciones no le eran muy favorables. En primer lugar, porque la propia Constitución había limitado las facultades del presidente y en no pocas ocasiones Juárez tuvo enfrentamientos con el Congreso. De hecho, hubo votaciones para decidir si éste debía continuar en el cargo; hombres tan insignes como Vicente Riva Palacio e Ignacio Manuel

Benito Juárez fue un presidente que siempre legitimó su poder a través del orden constitucional.

Altamirano, pidieron su renuncia. Para fortuna del político oaxaque-ño, por tan sólo un voto logró mantenerse en la presidencia. Esto demuestra la gravedad de la división que pervivía entre liberales puros y moderados y que fue un obstáculo para la administración juarista.

En segundo lugar, Juárez no pudo imponer su autoridad por-que todavía no se tenía un total dominio del territorio por la oposición conservadora, y porque existían aún poderes autónomos locales. De hecho, la recaudación tributaria también resultaba afectada, pues no podía ser muy eficaz por dichos levantamientos.

Y, relacionado con lo anterior, la carencia de recursos econó-micos era muy fuerte. Es de suponerse que después de la Guerra de Reforma el país estuviera en quiebra, y si a eso añadimos que se sobrevaluó el valor de los bienes eclesiásticos, los cuales no pudie-ron venderse a los altos precios que deseaba el gobierno, la situa-ción se tornaba desastrosa. Los numerosos ministros de Hacienda de este corto periodo son sólo una muestra de la problemática por la que atravesaban las finanzas públicas. Así, México se vio imposibilitado de cumplir los compromisos contraídos con otros países, por lo que el 17 de julio de 1861 se declaró la moratoria, es decir, la suspensión del pago de la deuda externa por dos años. La decisión no fue una medida fanfarrona, sino desesperada ante la situación de las arcas. Las relaciones más tensas eran con España, puesto que esta nación había colaborado con los conservadores en la Guerra de los Tres Años; pero también se rompieron las relaciones diplomáticas con Inglaterra y Francia, otros de los acreedores.

Estas tres naciones se reunieron en la Convención de Londres en octubre de ese año con el objetivo de aliarse para condenar la conducta del gobierno mexicano, ejercer una presión militar, para obtener el pago de la deuda y buscar protección para sus ciudadanos residentes en este país. En el acuerdo que suscribieron los europeos se estipulaba no intervenir en los asuntos internos de México. Asimismo, se invitó a Estados Unidos a participar en esta expedición y, aunque los norteamericanos reconocieron la legitimidad de los reclamos franceses, españoles e ingleses, no se integraron a ellos debido a su guerra civil.

Independientemente de su alianza, cada uno de los países de la Convención, también llamada Tripartita, tenía diferentes objetivos. Inglaterra deseaba que México cumpliera sus deberes de manera permanente, y para ello se debía garantizar la estabilidad política. Además, también se pedía que sus compatriotas gozaran de la libertad de culto. España, por su parte, no dejaba de sentir una mayor influencia sobre su antigua posesión y esta medida les significaba la reafirmación de su imperialismo. Por último, para los franceses era importante el cobro de la deuda, pero también el establecimiento de un gobierno estable, en su opinión, una monarquía cuyo príncipe fuera aliado del país galo.

Cabe destacar que Napoleón III, gobernante de Francia, estaba preocupado por la fuerza que estaba adquiriendo Estados Unidos y se autoerigió en el defensor de la raza latina. Aprovechó entonces la guerra de Secesión norteamericana para imponer un dique al expansionismo yanqui y proteger un mercado importante para Francia como era América Latina. Consideraba el emperador francés que México era un punto neurálgico para el comercio entre occidente y oriente.

La intervención francesa

En los primeros días de 1862 desembarcaron en Veracruz los miembros de la alianza tripartita (el inglés Charles Wyke, el francés Jurién Gaviere de Saligny y el español Juan Prim) para exigir el pago de sus respectivas deudas, en una clara violación a la soberanía mexicana. A pesar de que Benito Juárez no ordenó la resistencia contra los invasores y buscó siempre la vía diplomática para negociar con Francia, Inglaterra y España, promulgó una ley de ejecución para aquellas personas que atentaran contra la independencia nacional.

En febrero del mismo año, los representantes de cada uno de los bandos se reunieron para dialogar: por parte del gobierno mexicano estaba el ministro de Relaciones Exteriores, Manuel Doblado, y de los extranjeros el español Prim. Se firmaron los *Preliminares de la Soledad,* donde la alianza tripartita reconocía el gobierno de Juárez y se confirmaba la no intervención extranjera. En vista de lo anterior, las autoridades mexicanas permitirían el establecimiento de los europeos en Córdoba, Orizaba y Tehuacán, mientras organizaban su retirada. Con estos acuerdos, prácticamente se regresaba al orden anterior a la moratoria.

No obstante, a los pocos días llegaron refuerzos franceses a territorio mexicano. Se trataba de aproximadamente seis mil soldados encabezados por Carlos Fernando de la Trille, conde de Lorencez, y el mexicano e hijo de Morelos, Juan Nepomuceno Almonte, como encargado de los asuntos políticos. Su objetivo era concretar una invasión e imponer una monarquía aliada de Francia. Ante estos hechos, las otras dos comisiones extranjeras de la alianza se declararon opuestas al incumplimiento del acuerdo por parte de los franceses y abandonaron México. Por su parte, el gobierno juarista, impulsado por los liberales puros, dejó a un lado su política negociadora y manifestó la necesidad de un enfrentamiento con los franceses, por lo que se solicitó nuevamente un préstamo estadounidense para financiar la guerra.

El general Ignacio Zaragoza fue el artífice del triunfo en la Batalla del 5 de mayo de 1862.

El inicio de las hostilidades franco-mexicanas se dio en abril de 1862. El avance francés resultó fácil hasta la ciudad de Puebla, donde se llevó a cabo el máximo capítulo militar de la historia castrense de México, pues gracias a la habilidad y estrategia del general Ignacio Zaragoza, se triunfó sobre el ejército francés en la famosa Batalla del 5 de mayo. Dicha victoria, más que nada, fue psicológicamente importante, pues desmentía las suposiciones de un dominio fácil y rápido de los franceses, quienes tuvieron que replegarse nuevamente a Veracruz y esperar más auxilios.

En septiembre y octubre, respectivamente, desembarcaron en Veracruz los generales Elías Federico Forey (para sustituir a Lorencez) y Aquiles Bazaine con más tropas. A partir de su llegada, los franceses acogieron a mexicanos dispuestos a colaborar con ellos, no obstante, traían órdenes de Napoleón III de no inmiscuirse en conflictos políticos ni religiosos. Con ellos, la situación se complicó para los liberales que vieron cómo, paulatinamente, los enemigos

En Puebla se logró derrotar a uno de los ejércitos más poderosos del mundo de aquella época.

se hacían de más plazas y recibían el apoyo de conservadores como Miramón, Márquez y Mejía. De hecho, en marzo de 1863, la ciudad de Puebla caía después de un prolongado sitio.

Mientras tanto, Juárez decidió dejar fuera de la ley a aquellos mexicanos que colaboraran con los invasores (se les acusaría de traición a la patria). Además, se ordenó que todos los varones trabajaran una vez por semana en la fortificación de sus ciudades. El propio presidente tomó sus precauciones: el Congreso le otorgó facultades extraordinarias, salió de la capital y empezó el peregrinar de él y su gabinete, conocidos como los "21 inmaculados". Pasaron por San Luis Potosí, Saltillo y Monterrey hasta establecerse en Paso del Norte, actual Ciudad Juárez. De manera simultánea, se organizó una resistencia militar que en ese momento no representaba ningún peligro, con jefes como Juan Álvarez y Porfirio Díaz.

En cuanto salieron los miembros del gobierno juarista de la ciudad de México, se volvió a las costumbres de la época de la pre-Reforma, es decir, los religiosos usaron nuevamente sus hábitos y los repiques de las campanas de los templos retornaron. Así, la mayoría de los habitantes capitalinos dio un gran recibimiento a los franceses que tomaron la ciudad en junio de 1863. No era extraño entonces que renacieran las tendencias monárquicas:

> La costumbre de la autoridad personal unida a la ausencia de tradiciones liberales hacían pensar automáticamente en la instauración de una monarquía, y, dado que el Nuevo Mundo no contaba con casas de sangre real, las miradas se volvían naturalmente hacia los soberanos de Europa.[24]

Los representantes del monarquismo en México no aparecieron en este momento ni conformaron un bloque homogéneo. Ante los vaivenes republicanos y las crisis económicas, algunos conservadores esgrimían el argumento de que el país requería un gobierno imperial, pero comandado por algún miembro de una casa real. Por ejemplo, José María Gutiérrez Estrada, quien fuera ministro de Relaciones

---

[24] Christian Schefer, *Los orígenes de la intervención francesa en México (1858-1862)*, (traducción de Xavier Ortiz Monasterio), México, Porrúa, 1963, p.32.

El presidente Juárez decidió resistir a la invasión francesa fuera de la capital de la República.

Interiores y Exteriores en 1835, propuso años después al presidente Bustamante, reemplazar la república por la monarquía. Aunque el hecho fue un escándalo político, Gutiérrez Estrada huyó a Europa con el fin de encontrar un pretendiente para una futura corona mexicana. Recorrió cortes austriacas, francesas e inglesas sin éxito alguno.

Pero en 1853, por encargo de Santa Anna, se ordenó a Gutiérrez Estrada buscar a un soberano europeo para México, y se designó a José Manuel Hidalgo Esnaurrízar como su colaborador. A pesar de no lograr su objetivo ambos personajes continuaron en Europa su misión. Además, en 1856 el antiguo ministro de México en Londres, Tomás Murphy, había solicitado a Napoleón III redimir a México del caos y de la amenaza norteamericana. Y ese mismo año, en México, se había organizado una conspiración monárquica que designó a Hidalgo para encontrar al tan anhelado soberano. Éste pudo acercarse a una antigua amiga española, Eugenia de Montijo, que para entonces era la emperatriz francesa y quien lo contactó con su esposo, Napoleón III, quien decidió esperar una coyuntura favorable para intervenir en México, lo cual ocurrió en 1862. Por su parte, Gutiérrez Estrada ya había dirigido su interés hacia la persona de Maximiliano de Habsburgo.

Con estos antecedentes, los franceses se establecieron en la capital mexicana. Cumpliendo con su mandato, Forey respetó los bienes desamortizados de la Iglesia, es decir, no echó marcha atrás a las medidas liberales con el fin de no involucrarse en los asuntos político-religiosos. En cambio, organizó un gobierno provisional encabezado por una Regencia integrada por Almonte, el general José Mariano Salas y el arzobispo de México, Pelagio Antonio Labastida y Dávalos. Asimismo, se estableció una Asamblea de Notables conformada por antiguos propietarios, miembros del partido conservador y liberales moderados, cuya finalidad era elegir la forma de gobierno que adquiriría México. Se decidió por una monarquía moderada, hereditaria y con un príncipe católico y que hubiera tenido experiencia en el gobierno. Una comisión mexicana a cargo de Gutiérrez Estrada le ofrecería el trono al miembro de la casa de los Austrias.

Entretanto, Bazaine sustituyó a Forey en el mando militar. Aquél era un hombre intransigente que se enfrentó a la Regencia, específicamente, al arzobispo Labastida. El gobierno provisional deseaba suspender la entrega de pagarés de los bienes desamortizados, medida que no autorizó Bazaine. Como protesta, los templos cerraron sus puertas y el Supremo Tribunal de Justicia se negó a hacer válidos dichos pagarés. El general francés amenazó con abrir las iglesias por la fuerza y disolvió el organismo judicial. Por su parte, Labastida renunció junto a los funcionarios judiciales y fue sustituido en la Regencia por Juan Bautista de Ormaechea, obispo de Tulancingo.

4

EL SEGUNDO IMPERIO

Ofrecimiento del trono a Maximiliano de Habsburgo

Mientras tanto, una comisión mexicana, comandada por Gutiérrez de Estrada, llegó al palacio de Miramar para hablar con el candidato a emperador: Fernando Maximiliano de Habsburgo, hermano del emperador de Austria-Hungría, Francisco José, de 32 años y casado con la princesa belga Carlota Amalia de 24; ambos eran católicos y él ya tenía experiencia política, pues había sido gobernador del reino Lombardo Véneto. No obstante, los conservadores que fueron a entrevistarse con Maximiliano no percibieron su convicción liberal y conciliadora, de hecho, éste condicionó la aceptación del trono mexicano a la presentación de listas de partidarios del Imperio para sentir que tenía el apoyo de las mayorías.

Maximiliano vio en México la oportunidad de demostrarse como un buen político, capaz de restablecer el orden, pero también fue orillado a tomar esta decisión por las presiones de su esposa, su hermano y el emperador francés. Así, el archiduque renunció a sus derechos al Estado austriaco y rechazó la corona griega que también se le había ofrecido. No obstante, tenía el apoyo de Napoleón III, alianza que convenía, por el momento, a los intereses de éste. Acto seguido, el 10 de abril de 1864, Maximiliano firmó los Tratados de Miramar, documento en el que se comprometía a ir reduciendo poco a poco el cuerpo militar francés, y a cubrir los gastos y sueldos de estos soldados durante su estancia en México, así como en el momento de su viaje de vuelta; para este efecto recibió un préstamo de 66 millones de pesos. Como puede observarse, el tratado limitaba al emperador mexicano en sus facultades militares y en su situación económica, pues el mando del ejército quedó bajo

Los monárquicos mexicanos encabezados por Gutiérrez Estrada ofrecieron el trono de México al archiduque Maximiliano de Habsburgo.

A su llegada a México, el
emperador Maximiliano de
Habsburgo contaba con 32
años; su esposa Carlota
con 24.

las autoridades francesas y el financiamiento galo no fue suficiente para lo que se presentaría en el futuro.

Después de partir rumbo a México, los emperadores se entrevistaron con el Papa Pío IX, el cual supeditó su adhesión al nuevo gobernante de México si cumplía con las obligaciones de un católico. Cabe señalar que dicho pontífice se caracterizó por ser muy conservador, por lo que esperaba que la Iglesia recuperara mucho del terreno perdido durante la guerra de Reforma.

Al llegar al puerto de Veracruz el 28 de mayo de 1864, la recepción a Maximiliano y Carlota fue muy fría. Desde ese momento, Juan Nepomuceno Almonte fue nombrado jefe de la Casa Imperial. Al irse adentrando en el territorio, los vítores de las poblaciones iban en aumento, así es que tuvieron sendas bienvenidas en Puebla y Cholula. Finalmente, llegaron a la capital el 12 de junio, donde el recibimiento fue espectacular.

Desarrollo político

Al tomar posesión de manera formal, Maximiliano desplazó a los conservadores más radicales de sus puestos, mientras que quiso atraerse a los liberales moderados. Por ejemplo, nombró a José Fernando Ramírez como ministro de Negocios Extranjeros, a Manuel Siliceo de Gobernación y a Pedro Escudero y Echánove de Negocios Eclesiásticos. De manera paralela, funcionó un gabinete particular presidido por el belga Félix Eloin, lo cual creó serios conflictos al interior de su gobierno, así como con los conservadores.

Otro de los actos de Maximiliano que sorprendió a propios y extraños fue la amnistía que otorgó a los acusados por delitos políticos y a los levantados en armas, lo cual era una señal de sus deseos de acercarse a todos los mexicanos. Además, al emperador le gustaba usar el traje popular de los *chinacos*, obligó a las oficinas del gobierno a que laboraran los domingos y días festivos, dando él mismo el ejemplo con la celebración de audiencias públicas dominicales a la una de la tarde en Palacio Nacional. Además, se negó a rubricar sus documentos con la fórmula "por la gracia de Dios", y en el pueblo de Dolores honró a Hidalgo y a los primeros insurgentes, en lugar de venerar la figura de Iturbide, como hubieran deseado los monárquicos. Por último, alejó de su gobierno a personajes como Miramón y Márquez, enviando al primero a Prusia y al segundo como ministro plenipotenciario en Turquía.

Desde un principio, el emperador mexicano perdía paulatinamente el apoyo de aquellos que lo habían traído a México, lo cual no significó que lograra el favor de sus adversarios, para quienes siempre fue un usurpador.

Los hombres que rodeaban a Maximiliano no tenían las virtudes indispensables para hacer un buen gobierno ni a él tampoco se le reconocían altas dotes de estadista, de ahí que invariablemente tuviera que estar supeditado a las fuerzas que le apoyaban y convertirse a la larga en un subordinado de Napoleón, quien al abandonarlo apresuraría su ruina. A más de ello, tendría que hacer frente a exigencias muy encontradas a la realidad nacional, las cuales no conocía ni dominaba.[25]

En efecto, el austriaco era ajeno a los grupos políticos mexicanos, lo cual también podía representar una ventaja, pues al estar por encima de estos intereses, podía ejercer como conciliador; sin embargo, no fue así. Al contrario, las posiciones conservadoras y liberales se radicalizaron, y el que terminó con la peor parte fue Maximiliano.

Por lo anterior, ni Juárez ni ninguno de los liberales puros aceptaron la amnistía ofrecida por el emperador, aunque su situación tampoco era halagüeña, ya que continuamente tenían que cambiar de sede de gobierno, pues las fuerzas imperiales dominaron durante un buen periodo. Por supuesto, su situación económica no era favorable y sólo hasta que la guerra civil norteamericana terminó (1865), pudieron obtener préstamos, aunque a cambio tuvieran que ofrecer privilegios territoriales y económicos a los estadounidenses.

Por otro lado, el presidente liberal, haciendo uso de sus facultades extraordinarias, prorrogó su periodo presidencial que venció el 1° de diciembre de 1865, decisión que no fue bien vista por algunos miembros de su partido. A pesar de estos problemas, la guerra no se detuvo y los juaristas siguieron resistiendo en diferentes partes de la república. Generales como Porfirio Díaz y Mariano Escobedo permanecieron fieles a Juárez y trataron de extender la influencia de sus ejércitos.

Pese a la oposición liberal, Maximiliano intentó, por su parte, instaurar un gobierno estable. Desafortunadamente para él, nunca pudo llevar a cabo un sistema monárquico constitucional, como el que inicialmente se había propuesto, y es que para ello hubiera sido necesario tener un absoluto dominio del territorio nacional y organizar cuerpos representativos, lo cual nunca logró. Por lo tanto, el emperador concentró en sus manos los poderes Ejecutivo y Legislativo.

---

[25] *La Intervención francesa y el triunfo de la República*, (introducción, selección y notas de Ernesto de la Torre Villar), México, Fondo de Cultura Económica, 1968, p. 24.

En marzo de 1865, Maximiliano decidió decretar una nueva división territorial, basada en la creación de 50 departamentos, decisión que no fue bien acogida por algunas oligarquías locales que vieron minados sus intereses.

El 10 de abril de 1865 se promulgó el *Estatuto Provisional del Imperio Mexicano*, cuerpo jurídico de tinte liberal, pues otorgaba las garantías individuales y la libertad de cultos. También en el campo legal fue muy importante la publicación del primer código civil que tuvo México y, en julio de 1866 se cumplía con uno de los proyectos más trascendentes de la historia institucional del país.

De esta manera, puede afirmarse que, en materia política, el Segundo Imperio no rindió buenas cuentas pues, a pesar de los logros legales, México continuó con un clima de ingobernabilidad, la fragmentación partidista era mayor y Maximiliano no supo definirse dentro de ella ni pudo eliminarla aunque éstos no serían los únicos conflictos a los que se enfrentaría.

Situación económica

El panorama de las finanzas nacionales no mejoró durante el gobierno del príncipe austriaco, pues ni los mexicanos ni los expertos europeos pudieron paliar la ruina económica en la que estaba México. Cabe recordar que fue precisamente por este factor que se había tomado la decisión de suspender el pago de la deuda. También hay que tener en consideración que el país no dejó de encontrarse en estado de guerra, lo cual generó una serie de gastos no previstos por el imperio de Maximiliano. Lo que sí estableció el emperador desde un principio fue su sueldo, que ascendía a millón y medio de pesos al año, y la cantidad de 200 mil pesos anuales para los expendios de Carlota.

Como se mencionó, los franceses dieron a Maximiliano un empréstito que no le fue suficiente para cubrir las necesidades del gobierno. Por ello, en abril de1865 se negoció un nuevo préstamo por un monto de 170 millones de pesos, que tampoco alcanzó para solventar el déficit que iba en aumento; es decir, no sólo existió una deuda externa, sino también una interna igual de grave que la primera.

Por ello, también se recurrió a las medidas fiscales. En 1865 se asignó un impuesto del 6% sobre el precio del papel, los hilados y los tejidos de algodón, el lino y la lana. Sin embargo, la industria textil no dejó de ser una de las principales actividades manufactureras, sólo superada por la elaboración de alimentos y bebidas. Por su parte, la producción de plata creció modestamente.

No obstante las malas condiciones financieras, hay hechos rescata bles. Por ejemplo, el Banco de Londres y México inició sus operaciones en 1864 y fue la institución que introdujo en México los billetes de banco y, a diferencia de otras épocas, el papel moneda fue bien recibido por la población mexicana. Asimismo, fue durante el Segundo Imperio cuando la acuñación del metálico utilizó el sistema métrico decimal y, por primera vez, apareció la denominación de "un peso" marcada en una moneda mexicana.

El emperador llegó a responsabilizar de la mala situación económica de su gobierno al ejército francés y, particularmente, a su cabeza Bazaine. Pero éste se defendía aduciendo que aquél gastaba el presupuesto en obras públicas superficiales y, por lo tanto, derrochaba el dinero. Cuando la situación se agravó en 1866, el propio Maximiliano tuvo que acudir al jefe del ejército francés en México para que le prestara dinero. Por todo ello, puede afirmarse que fue este factor económico una de las principales causas de la caída del Segundo Imperio.

Iglesia, sociedad y cultura

Desde que partió rumbo a México, Maximiliano se entrevistó con el Papa para obtener su apoyo y, hacia finales de 1864, el pontífice envió a monseñor Francisco Meglia como nuncio apostólico. Los deseos de Pío IX eran que se diera marcha atrás a las medidas anticlericales, es decir, que en México se respetaran los bienes de la Iglesia y se derogaran las *Leyes de Reforma*.

Pero el emperador era de ideas liberales y congeniaba con los propósitos de las leyes promulgadas por Juárez. Por experiencia propia, él conocía las características de los clérigos mexicanos y no quería que se involucraran en los asuntos de gobierno.

De esta manera, Maximiliano propuso un concordato en el que, entre otras cosas, establecía la tolerancia de cultos (aunque se concedía protección especial al católico), el derecho del Patronato Real para el Estado mexicano y que los sacerdotes fueran funcionarios públicos encargados del registro civil. Monseñor Meglia se inconformó por estas condiciones, al igual que algunos miembros de la Iglesia mexicana.

Simultáneamente, en 1865, el emperador envió una comisión a Roma para proponer directamente al pontífice el documento citado y promulgó un conjunto de medidas liberales. Por ejemplo, las bulas papales no se publicarían sin el acuerdo de Maximiliano, se llevó a cabo una revisión de las operaciones de desamortización y nacionalización de bienes, y los cementerios se secularizaron. En materia educativa, las autoridades imperiales establecieron la educación primaria pública y gratuita, se decretó que la enseñanza religiosa estuviera vigilada por el Estado y que desapareciera la Universidad Pontificia. Los eclesiásticos pidieron la anulación de estas medidas, pero no lograron nada.

Mientras tanto, el Papa tampoco le otorgó a Maximiliano el Patronato Real. Poco tiempo después, el nuncio regresó a Roma y oficialmente la Santa Sede informó al imperio mexicano su total rechazo al concordato. Así, se rompían de hecho las relaciones diplomáticas entre el Pontificado y el Segundo Imperio, lo cual también perjudicó al cada vez más débil gobierno imperial.

Por otro lado, ya se ha mencionado la simpatía que los emperadores tenían por los mexicanos más desfavorecidos y necesitados. Era común que Maximiliano, montado en su caballo, recorriera diferentes zonas de la ciudad, mientras que Carlota fue la primera esposa de un gobernante que visitó Yucatán.

Es de llamar la atención, entonces, que independientemente de su estirpe noble y aristocrática, la pareja imperial se preocupara por los pobres, lo que permite comprender las razones por las que se crearon la Junta Protectora de las Clases Menesterosas, el Consejo de Beneficencia y la Casa de Caridad. Además del interés filantrópico de estos organismos, lo importante era integrar a estos grupos marginados en la sociedad y "devolverles su humanidad", como decía la emperatriz.

Se hizo un esfuerzo nacional de abrir un espacio a las demandas de los campesinos e indígenas para que también fueran considerados ciudadanos mexicanos con derechos. Por eso se abolieron los castigos corporales, las extensas jornadas de trabajo y los pagos en vales de raya y en especie; se liberaron los peones acasillados y se repartieron terrenos baldíos entre campesinos no propietarios.

En parte por estos actos "maternales" de la esposa de Maximiliano, el escritor liberal Ignacio Ramírez "el Nigromante" le apodó irónicamente "mamá Carlota", y, utilizando el mismo mote, Vicente Riva Palacio escribió los versos de la famosa canción "Adiós mamá Carlota".

El escritor español Torcuato Luca de Tena asegura que la emperatriz hablaba mejor castellano que su marido y que ambos, antes de llegar a México, habían leído a autores como Bernal Díaz del Castillo, Bernardino de Sahagún, Francisco Xavier Clavijero y Alejandro de Humboldt para conocer la historia de su nueva patria.[26]

Frente a esa inquietud social, los emperadores, desde Europa, conformaron un proyecto cultural que fuera reflejo de la grandeza de la monarquía. Por lo tanto, el fomento de las artes y la construcción de obras públicas —como la de la Calzada del Emperador, ahora Paseo de la Reforma— fueron actividades fundamentales en el Segundo Imperio y se utilizaron como medios para su propaganda.

En esta época se conocieron en México las primeras fotografías, obviamente con las imágenes de los emperadores. Maximiliano encargó que, desde su salida, se produjeran litografías y grabados para ilustrar su viaje. Los diferentes retratos que de Maximiliano y Carlota se conservan, muestran su interés y gusto por lo mexicano: sus vestidos, sus fiestas, pero también la percepción que querían que de ellos se tuviera:

---

[26] Cfr. Torcuato Luca de Tena, *Ciudad de México en tiempos de Maximiliano*, México, Planeta, 1990, 183 pp. (Colección Ciudades en la historia).

La lectura que se desprende sobre cuál era la imagen que Maximiliano quería dejar en sus súbditos, es la de pacificador que a través del conocimiento del territorio y el contacto con la población lograría la unificación del Imperio; era el signo de un conciliador y no la imagen de un guerrero o conquistador. [...] Sus viajes al interior del país, sus paseos alrededor de la capital, sus excursiones arqueológicas, fueron los medios que buscó para dejarse ver en esta faceta de gobernante [...][27]

Ya desde el establecimiento de los franceses en la capital del país, se había creado una Comisión Científica, Literaria y Artística que tenía como objetivo el desarrollo de las artes y las ciencias. Para festejar el primer aniversario de la fundación del imperio, Maximiliano decretó, el 10 de abril de 1865, la fundación de la Academia Imperial de Ciencias y Literatura, que por las condiciones económicas tan precarias del régimen desapareció al año siguiente.

Fin del Segundo Imperio

Precisamente, 1866 no fue un año bueno para el destino del emperador. En enero, Napoleón III anunció que Francia retiraba sus tropas de México en vista de que su gobierno ya estaba consolidado y ya no había enemigo contra el cual pelear. Estos argumentos eran completamente falsos, y ocultaban intereses políticos que justificaban la clara violación a los *Tratados de Miramar*. Para aquella época, se venían anunciando tiempos de guerra para los franceses, por eso necesitaban de los soldados establecidos en América, que pronto tendrían que enfrentarse a los prusianos.

Maximiliano reaccionó al principio de manera agresiva, pues veía que el emperador francés no estaba cumpliendo con su parte. Además, los liberales habían vencido en Río Frío a tropas imperiales, lo cual demostraba que la guerrilla seguía en pie. Almonte fue comisionado para tratar de negociar con las autoridades galas, pero

[27] María Esther Acevedo Valdés, *Las bellas artes y los destinos de un proyecto imperial. Maximiliano en México 1864-1867*, Tesis de doctorado en Historia del Arte, México, UNAM, 1995, vol. I, p. 35.

*Durante la intervención francesa, los "chinacos" atacaban
continuamente a las fuerzas extranjeras.*

El ejército francés abandonó al imperio de Maximiliano en clara violación a los Tratados de Miramar.

no obtuvo más que una contundente negativa, pues se argüía que los compromisos ya se habían ejecutado, por lo que se ordenaba el regreso de ese ejército.

Cabe señalar también que para ese entonces, Estados Unidos había finiquitado su guerra civil, por lo que ahora ya estaba dispuesto a continuar su preeminencia política y económica en el continente americano y ayudar a los mexicanos que combatían a las fuerzas intervencionistas. Gracias a este apoyo, se impidió el envío de soldados austriacos a México, es decir, la ayuda del hermano de Maximiliano.

Carlota, entonces, decidió ir a Europa en busca de auxilio. La emperatriz se entrevistó con Napoleón III y le entregó un mensaje de su esposo en el cual se quejaba de que gran parte de los préstamos se había destinado a los gastos de guerra, enfrentamientos donde habían tenido poca participación los cuerpos de Francia. Por lo tanto, solicitaba al gobierno francés la manutención del ejército, el pago de los gastos bélicos y la remoción de Bazaine. Carlota tam-

*En Querétaro, el general
Mariano Escobedo fue el
encargado de aprehender al
emperador austriaco.*

bién quiso hablar con el Papa, pero éste nunca la recibió. Frente al
rechazo absoluto de Napoleón y de Pío IX, fue tanta la desespera-
ción de la emperatriz, que se dice que desde entonces perdió sus
cabales.

Ante este desolador panorama, Maximiliano optó por reconciliarse con los conservadores que lo habían llevado al trono. Para
ello, tuvo que formar un nuevo gabinete, dio marcha atrás a algunas de sus medidas anticlericales y solicitó el retorno de Miramón
y Márquez. Enterado del estado de salud de su mujer, quiso aban-
donar el país y abdicar, pero se lo impidieron los monarquistas que
veían cómo su última carta política se desvanecía.

Mientras tanto, desde mediados de 1866, los republicanos tenían el dominio de la frontera norte. Se habían beneficiado de la
salida de las tropas francesas y del término de la guerra civil de
Estados Unidos, país que les brindó apoyo económico. Asimismo,
los liberales empezaron a avanzar desde diferentes puntos hacia el
centro del país encabezados por Ramón Corona, Mariano Escobedo

Maximiliano se rindió ante los liberales en mayo de 1867.

y Porfirio Díaz. Tomaron importantes plazas como Puebla, Oaxaca, Matamoros, San Luis Potosí y Guadalajara.

El emperador reorganizó a su ejército, dividido en tres cuerpos a cargo de Miramón, Márquez y Mejía. Sin embargo, las únicas posiciones que logró conservar fueron Veracruz, Querétaro y la Ciudad de México. Fue precisamente en la capital queretana donde los republicanos sitiaron a las fuerzas imperiales, lugar donde habían decidido establecerse Maximiliano y sus hombres.

El sitio de Querétaro inició en marzo de 1867 y, aunque Márquez pudo salir de la ciudad para buscar refuerzos en Veracruz, éstos nunca llegaron y los sitiados tuvieron que rendirse el 15 de mayo. Todavía Maximiliano solicitó a los enemigos que le permitieran salir del país, comprometiéndose a nunca más volver a México, pero Escobedo le negó toda petición. El emperador fue aprehendido junto con Miramón y Mejía, mientras que Márquez había ido a la Ciudad de México para defenderla.

A los tres presos se les declaró traición a la patria como Juárez había establecido en la ley del 25 de enero de 1862, por lo tanto, iban a ser pasados por las armas. Hubo demandas de clemencia e indulto, sobre todo para la persona de Maximiliano; países como Francia e Inglaterra, y personajes como el escritor Víctor Hugo y el político José Garibaldi exhortaron al gobierno juarista un tratamiento humano "propio de las naciones civilizadas". A pesar de estas solicitudes, la sentencia se ejecutó y el 19 de junio de 1867 murieron fusilados Maximiliano de Habsburgo, Tomás Mejía y Miguel Miramón.

Los liberales tomaron fácilmente la ciudad de México y el puerto de Veracruz a finales de junio. Benito Juárez entró a la ciudad de México el 15 de julio, donde pronunció un manifiesto pleno de nacionalismo. Este discurso contenía su famosa frase: "Entre los individuos, como entre las naciones, el respeto al derecho ajeno es la paz".

5

LA REPÚBLICA RESTAURADA

El periodo juarista

El triunfo de la República fue un hecho sin precedentes. Después de años de luchas políticas, ideológicas y militares, quienes habían apoyado el régimen republicano finalmente podían poner en práctica sus proyectos; sin embargo, esto no quiere decir que los conservadores hubieran desaparecido por completo, sólo fueron derrotados y por ello se convirtieron en los "traidores de la patria", según la perspectiva de sus eternos enemigos.

Mientras tanto, Benito Juárez, convencido de la legitimidad de su gobierno y con la fuerza que le otorgó la victoria, dedicó su tiempo y esfuerzo a construir el proyecto nacional de la República Restaurada, programa político que contenía aspectos políticos, económicos, sociales y culturales.

La prioridad de Juárez era homogeneizar al país y darle una identidad nacional, de la que había carecido largo tiempo. Para ello, era necesaria la irrestricta aplicación de la Constitución de 1857, por lo que la carta magna se transformó en un documento intocable e indiscutible; así, el liberalismo se volvió, en buena parte del discurso político, en el mito unificador y en un símbolo de la nación.

El fortalecimiento de los ministerios de Estado era también una exigencia para la coordinación en el gobierno, por lo que Juárez nombra, inmediatamente después de su entrada en la capital, a los miembros de su gabinete: Sebastián Lerdo de Tejada en Relaciones y Gobernación, José María Iglesias en Hacienda, e Ignacio Mejía en Guerra, entre otros. Precisamente en este último ministerio debía llevarse a cabo una reforma fundamental para el presidente: la reducción del ejército. Consciente del poder de algunos generales, el abogado Juárez prefería debilitarlos para que no se convirtieran en un obstáculo para el Estado, lo cual ya había sucedido en ocasiones anteriores. Además, afortunadamente por ser tiempos de paz, ya no se requería un ejército numeroso. Es importante señalar que estas medidas le provocarían al ejecutivo nacional serios problemas en el futuro.

Para lograr una mayor unidad en el país, se debían fomentar las modernas vías de comunicación y, principalmente, el ferrocarril, aspecto en el que México estaba muy atrasado y que impedía tener la información necesaria de todas las regiones nacionales. Por supuesto, las condiciones económicas no eran favorables, de ahí que Juárez propiciara el ingreso de capitales extranjeros que pudieran asignarse a esa infraestructura tan urgente que se requería. La industrialización y el progreso en el campo eran tareas apremiantes para el gobierno, mientras que en materia comercial se pretendía hacer de México un puente entre Europa y Asia. Puede afirmarse, entonces, que aquí se encuentran las raíces del Estado capitalista mexicano.

Dada su extracción liberal, Juárez contempló la obligación gubernamental de solucionar los problemas sociales de México; como consecuencia quiso que surgiera una clase media agraria o de pequeños propietarios para evitar la concentración de riqueza en el campo, situación por demás difícil que nunca pudo materializarse. En cambio, la inmigración extranjera, aunque no en grandes proporciones, se convirtió en una de las medidas que más impulsaba este programa. Se veía como una forma de poblamiento, al mismo tiempo que se buscaba una mayor explotación de la riqueza. También en congruencia con la ideología liberal, se apoyaron las libertades de trabajo y asociación para garantizar mejores condiciones para la mano de obra mexicana.

En el terreno cultural, los republicanos triunfantes también apoyaron las libertades de imprenta y de cultos, es decir, de una tolerancia ideológica y religiosa que en otras épocas los mexicanos no habían podido disfrutar, medidas todas que tenían que combinarse con los objetivos políticos y económicos de este proyecto:

Al declarar que el catolicismo ya no era la religión oficial de México, al disminuir la función política de la Iglesia y destruir la base económica de su poder político, los liberales esperaban que México, a semejanza de Estados Unidos, atraería inmigrantes europeos de todas las religiones. [...] estos inmigrantes constituirían una clase media agraria que aseguraría un rápido crecimiento económico, la estabilidad política y el desarrollo de instituciones democráticas. [...][28]

La educación se vislumbraba como el medio a través del cual se podía conseguir el progreso tan anhelado, por ello se propugnó a favor de una instrucción gratuita, laica y obligatoria para todos. Del mismo modo, se deseaba que todas las expresiones artísticas revelaran un carácter nacionalista, ya que la consolidación de la identidad era imprescindible.

Los liberales concentraban su atención en el futuro promisorio del país, pues el pasado era tan sólo un recuerdo del atraso y, de acuerdo con esto, todo lo que remitiera al ayer debía cambiar. Es en este contexto que debe comprenderse la transculturación de los indígenas propuesta por los gobiernos de la República Restaurada, en la que las lenguas, tradiciones y formas de vida de esas comunidades debían exterminarse en función de la uniformidad que se buscaba para el país. Puede sorprender el hecho de que Juárez, siendo zapoteca, haya promovido este tipo de medidas, pero era justamente él quien, en carne propia, había tenido que sortear los obstáculos culturales para llegar a la posición en la que entonces se encontraba.

Como se puede observar, los republicanos tenían "cartas de buenas intenciones", todas ellas muy interesantes y, sobre todo, coherentes con la ideología que los dominaba; sin embargo, la puesta en práctica de las mismas no siempre fue exitosa por las condiciones existentes en el país, las resistencias que siguieron oponiéndose a su establecimiento y el propio actuar de las autoridades. La modernización era un argumento valioso, pero no todos los mexicanos estuvieron de acuerdo con las formas que se aplicaron para lograrla.

Al reasumir el poder, Juárez se encontró con un país todavía muy dividido. Sería falso afirmar que la totalidad de los nacionales

---

[28] Friedrick Katz, "5. La República Restaurada y el Porfiriato", en *Ensayos mexicanos*, México, Alianza, 1994, (Raíces y razones), p. 160.

estaba conforme con el triunfo de la República, pues persistieron grupos conservadores que, aunque con menor fuerza, seguían amenazando al gobierno. El ambiente de inestabilidad que reinó desde la Guerra de Reforma había facilitado el bandidaje, terrible problema de los caminos y las ciudades. Además de ello, Juárez tuvo que enfrentar a los enemigos dentro del gobierno: los militares.

México había tenido desde sus primeros años de vida independiente una tradición de golpes de Estado, asonadas y otro tipo de levantamientos armados. La milicia se había convertido en una forma de vida, más allá de los sentimientos nacionalistas que pudieran caber en sus miembros. Era un grupo acostumbrado a exigir privilegios por el riesgo que representaba tener de adversario al ejército. En este momento, a los militares se les debía, en buena medida, el triunfo republicano y pedían su recompensa. Sin embargo, Juárez no se dejó amedrentar y, con la firmeza que le caracterizaba, enfrentó la reforma de las fuerzas armadas con todo y sus consecuencias.

De esta manera, retiró a cerca del 60% de los soldados para reducir los gastos del erario; reorganizó el ejército dejándolo en 20 mil hombres, divididos en cinco sectores: centro, oriente, occidente, norte y sur; retiró de sus cargos a los jefes regionales y los sustituyó por comandantes leales. Con ellos trató de combatir a los rebeldes que se oponían a estas medidas: caciques, ex militares y comunidades indígenas.

Simultáneamente, Juárez debía establecer las instituciones necesarias para que el poder civil se consolidara, por lo que propuso la reforma del artículo 127 de la Constitución para otorgar mayores facultades al Poder Ejecutivo, pues se había visto que la preeminencia del Congreso era en detrimento y limitación de la figura presidencial. Era notorio que cuando los intereses del grupo en el poder se encontraban en entredicho, se permitían modificar el tan "sagrado" código constitucional.

El veto presidencial fue aprobado, es decir, el derecho a que el ejecutivo pudiera rechazar las iniciativas legislativas, si bien éstas debían de volverse a discutir en el Congreso y lograr su aplicación con sólo dos tercios de los votos.

También se sugirió el restablecimiento de la cámara de sena-
dores. El objetivo estaba en concordancia con la anterior propuesta, es decir, que el Poder Legislativo pudiera estar más controlado.
Se pensaba que además de resolver los principales conflictos de los
estados de la República, el Senado podía colaborar con el presidente para la consecución de sus medidas. Aunque tal modificación
no se llevó a cabo durante el gobierno de Juárez, sino hasta 1875
con Sebastián Lerdo de Tejada, el objetivo desde este entonces fue
mejorar el ejercicio de la administración.[29]

Asimismo, se autorizó que los ministros del Estado, los de la
Suprema Corte de Justicia y cualquier funcionario federal pudieran ocupar una curul en la cámara de diputados sin renunciar a sus
otros cargos públicos. El Poder Ejecutivo podría tener ahí a partidarios suyos que le brindaran el apoyo necesario para llevar adelante sus iniciativas.

Por último, Juárez intentó reconciliarse con la Iglesia y los conservadores. Sabedor de que la mayoría de los mexicanos eran católicos y seguían siendo fieles a los religiosos, les devolvió a éstos sus
derechos cívicos. También perdonó y liberó a los individuos que
habían apoyado a la intervención francesa y al Segundo Imperio. A
los que estaban fuera del país se les permitió su regreso, excepto a
Leonardo Márquez y al arzobispo Pelagio Antonio Labastida y
Dávalos, pues ambos personajes causaban animadversión entre los
liberales y eran considerados peligrosos para el gobierno juarista.

Los promotores de todas estas reformas fueron Benito Juárez
y Sebastián Lerdo de Tejada, pero esto no significaba que todos los
miembros de su partido estuvieran de acuerdo con él. Muchos no
coincidían con ellos en la necesidad de acercarse al clero ni en res-
tarle importancia al Congreso. Al primero se le llegó a acusar de
ser un tirano, de no querer un avance democrático y de traicionar
la Constitución. Sus críticos más acerbos fueron Francisco Zarco e
Ignacio Manuel Altamirano, destacados liberales.

---

[29] *Cfr.* Andrés Lira, "Las opciones políticas en el Estado liberal mexicano", en María del
Refugio González (coordinadora), *La formación del Estado mexicano*, México, Porrúa, 1984,
pp. 135-154.

Finalmente, en octubre de 1867 se llevaron a cabo las elecciones, donde resultó ganador Benito Juárez frente a sus contendientes Sebastián Lerdo de Tejada y Porfirio Díaz. El presidente tomó posesión de su cargo el 2 de diciembre, ante un Congreso que siguió sin favorecerle del todo. Durante este cuatrienio, Juárez intentó poner en práctica los puntos de su programa político pero, como ya se mencionó, no pudo concretarse íntegramente. Además, con tal de aplicar sus medidas, el presidente, con el apoyo de Lerdo (entonces jefe de la Suprema Corte de Justicia), hizo uso de sus facultades extraordinarias y estableció el estado de excepción en numerosas ocasiones.

Continuó siendo urgente la pacificación del país, por lo que el Ejecutivo no dudó en querer restablecer la ley del 25 de enero de 1862 contra los traidores a la patria, pero el Congreso lo rechazó. En cambio, se aprobó en 1868 una ley compromiso con las siguientes modificaciones: la creación de tribunales especiales para los que fueran acusados de traidores, pero sin la aplicación de la pena de muerte y sin afectar la libertad de imprenta.

En diversas partes del territorio, el gobierno juarista tuvo que enfrentarse a los ex militares que no estaban de acuerdo en quedar al margen del poder político. Llevó a cabo la condecoración de muchos de estos oficiales y la entrega de otros privilegios para calmar sus ánimos. Uno de los beneficiados fue Porfirio Díaz a quien el estado de Oaxaca declaró benemérito de esas tierras y le entregó la hacienda de La Noria, pero si los antiguos comandantes no cedían ante estos ofrecimientos, entonces se empleaba la fuerza para eliminarlos.

Como el jurista que era, el presidente de la República puso hincapié en los avances jurídicos. El mismo día de su toma de posesión, Juárez promulgó la *Ley Orgánica de la Instrucción Pública del Distrito Federal*, la cual incluía la creación de las escuelas Nacional Preparatoria, Nacional de Ingenieros y Nacional de Ciegos. En 1870 y 1871, se decretaron los Códigos Civil y Penal, respectivamente.

Aunque durante este gobierno se trató de facilitar la inmigración extranjera, ésta tuvo un alcance corto con respecto a las expectativas de Juárez. Apenas se calcula que llegaron 25 mil personas,

Durante la República Restaurada, el general Porfirio Díaz fue declarado benemérito del estado de Oaxaca.

las cuales en lugar de asentarse en las zonas rurales como deseaban las autoridades, establecieron su residencia y negocios en las ciudades. Cabe mencionar que México todavía no se recuperaba de la mala fama internacional causada por el fusilamiento de Maximiliano y algunas naciones mantuvieron rotas sus relaciones diplomáticas con el país.

La situación social tampoco mejoró. Las enfermedades, el hambre y la carestía formaban ese fatídico ciclo vicioso del que es muy difícil salir, más aún cuando las condiciones económicas impedían tener buenos empleos. Por lo tanto, la mendicidad y el robo eran las salidas de muchos trabajadores empobrecidos. En el mejor de los casos, los artesanos pudieron agruparse en el Gran Círculo de Obreros de México (1872), que auspició algunas huelgas de fábricas textiles. No obstante, tampoco se debe exagerar el carácter de este organismo que más que sindicalista tenía una ideología mutualista:

La orientación del Círculo hacia un sindicalismo reformista que confiaba en la acción parlamentaria, pone de manifiesto este carácter de amparo colectivo donde se ausenta un programa de lucha de clases. No obstante, uno de los aspectos centrales con los que el Círculo contribuyó en sus primeros años de existencia fue la vinculación de la clase obrera nacional, por el establecimiento de representaciones en distintos puntos de provincia [...] [30]

En el otro lado del ámbito social estaban los privilegiados: terratenientes, comerciantes, industriales, algunos profesionistas y burócratas. Como puede observarse, permanecían los mismos grupos minoritarios ostentando el poder político y económico y se distanciaban cada vez más del resto de la sociedad. El lujo, la moda y el derroche, propios de una época estable, consintieron una polarización social creciente.

Indudablemente, uno de los rubros en los que se tuvo mayores resultados fue el educativo. Ya se ha destacado el papel que desempeñaba la instrucción dentro de la ideología liberal, y por ello el gobierno juarista destinó gran parte de sus esfuerzos a conformar esa infraestructura educativa. Esta tarea fue encomendada a Gabino Barreda.

Este intelectual poblano había estudiado en París desde 1851 y se convirtió en discípulo de Augusto Comte, padre de la sociología y de la corriente positivista. Entre otras ideas, el positivismo defiende el progreso como el motor de la historia de los pueblos, y a la ciencia como la solución a todos los problemas humanos. Era la educación el vehículo a través del cual se podía obtener "libertad, orden y progreso".

A su regreso de Europa, Barreda ejerció la docencia y fue llamado por el gobierno juarista para formar parte de la comisión que redactó la Ley de educación primaria. Impulsó la creación de la Preparatoria y elaboró su plan de estudios; también fue su director.

Por otro lado, se fundaron los primeros colegios mixtos, pues se pensaba que ambos sexos tenían derecho a la educación. A pesar

[30] Francisco González Hermosillo Adams, "Estructura y movimientos sociales (1821-1880)", en C. Cardoso, *Op.cit.*, p. 253.

de las dificultades económicas, lograron construirse escuelas primarias que sólo pudieron cubrir con la demanda educativa de un 30% de la población infantil. Junto a estas necesidades educativas fueron prioritarias para el presupuesto de esta época las relacionadas con el progreso material.[31]

Durante el gobierno de Juárez se dieron los primeros pasos en el desarrollo de las comunicaciones. Así, se inició la construcción del ferrocarril Apizaco-Puebla y fue inaugurada la red telegráfica que comunicó a las ciudades de Oaxaca y México. Además, se llevaron mejoras en los caminos existentes y la apertura de otros nuevos, aunque todavía de manera muy limitada.

Mientras tanto, las condiciones del campo no se modificaron en demasía. A pesar del interés del gobierno en formar pequeños propietarios, la mayor parte de los bienes eclesiásticos confiscados pasaron a las manos de los latifundistas. Semejante destino tuvieron las tierras comunales indígenas, también desamortizadas. Por su parte, el tan ansiado desarrollo industrial debía esperar unos cuantos años más.

El nacionalismo inundó la mayor parte de las expresiones culturales de la época. Sin despreciar las culturas ajenas, la mexicana adquirió un gran valor y presencia en la literatura y las artes plásticas.

Por ejemplo, dentro de la historiografía aparecieron obras como la de José María Iglesias, llamada *Revistas históricas sobre la intervención francesa en México* (1862-1866), en la que la resistencia mexicana sobresale en la narración del autor.

El costumbrismo fue una de las corrientes literarias con más seguidores durante estos años. Y es que la descripción de las tradiciones y fiestas comienza a ser más un motivo de satisfacción que de vergüenza:

---

[31] *Cfr.* Marcello Carmagnani, "Intereses, coaliciones y políticas de presupuesto", en *Estado y mercado. La economía pública del liberalismo mexicano*, 1850-1911, México, El Colegio de México/Fideicomiso Histórico de las Américas/Fondo de Cultura Económica, 1994, (Serie Hacienda), pp. 101-122.

El México que aparecía en las novelas y las crónicas del siglo XIX presentaba una imagen que por sus mismos afanes nacionalistas mostraba las distinciones y orgullos propios del país. Pero también incorporaba aquellos espacios dignos de ser corregidos, aquellos de los que no se hablaba abiertamente y a los que había que poner atención "para que no siguieran manchando la realidad nacional". [32]

Ignacio Manuel Altamirano, además de ser político, fue un importante literato de esta época. En 1869 fundó la revista *El Renacimiento*, en la cual participaron no sólo intelectuales liberales (partido al que él pertenecía), sino colaboradores de otras posturas políticas. La pluralidad de la publicación era un reflejo del pensamiento de este autor, quien estaba convencido de la universalidad de la cultura, de la cual era parte la mexicana. Además, desde estos años organizó veladas literarias y escribió novelas tan famosas como *Navidad en las montañas* (1871).

También Guillermo Prieto combinó su actividad literaria con la política. Fue diputado durante la República Restaurada y simultáneamente escribió artículos para diferentes periódicos y revistas; además, fue autor de novelas como *La novia del erario* y de diversa obra poética.

Al principio liberal y después partidario de la monarquía, Manuel Payno es otro de los exponentes más destacados de la literatura de estos años. En 1871 escribió la novela *Tardes nubladas*, aunque su libro más conocido fue *Los bandidos de Río Frío* y no salió a la luz hasta 1889.

Dentro de las manifestaciones plásticas, puede decirse que continuaron los rasgos románticos y académicos, pues no hubo una ruptura en cuanto al arte que se produjo durante el Segundo Imperio y el de la República Restaurada. Se continuó en la búsqueda de una expresión artística propia.

---

[32] Ricardo Pérez Monfort, "La fiesta y los bajos fondos. Aproximaciones literarias a la transformación de la sociedad urbana en México", en Regina Hernández Franyuti (compiladora), *La ciudad de México en la primera mitad del siglo XIX. Tomo II. Gobierno y política / Sociedad y cultura*, México, Instituto Mora, 1994, p. 412.

Entre los discípulos de Juan Cordero y Pelegrín Clavé que destacaron en esta época, se encuentra Santiago Rebull, pintor que estudió en Roma y que, aunque renunció a la dirección de la Academia de San Carlos durante la intervención francesa, elaboró los retratos de los emperadores y pintó las terrazas del Castillo de Chapultepec. Durante los años siguientes continuó su actividad, por ejemplo, pintando a Ignacio Manuel Altamirano y realizando *La muerte de Marat* (1875).

José Salomé Pina fue otro artista mexicano que estudió en Italia y que a su regreso al país elaboró una obra plena de idealismo. Fue uno de los pintores que continuó realizando obras con tema religioso, como lo muestra su cuadro *Abraham e Isaac* (¿), así como la obra que se encuentra en la Colegiata de Guadalupe.

Como un anuncio de los nuevos aires artísticos puede interpretarse la obra realista de Felipe Gutiérrez quien, al igual que los pintores anteriores, había viajado por Europa y conoció directamente las obras clásicas y modernas. Su obra más renombrada fue *La amazona de los Andes* (ca.1891), por ser el único (¿o primer?) desnudo de la escuela académica mexicana.

Relacionado con el realismo, se introdujo también en estos años la corriente naturalista o paisajista. El encargado de hacerlo en México fue el italiano Eugenio Landesio, cuyos paisajes con tema mexicano como *San Miguel Regla* (ca.1857) y *Hacienda de Colón* (¿), son prueba del manejo de color y de luz característico de estas tendencias.

El mejor alumno mexicano de Landesio fue José María Velasco, quien empezó su carrera de pintor desde los años 60 y que llegaría a ser posteriormente uno de los más grandes artistas mexicanos de toda la historia.

Finalmente, hay que mencionar que fuera de la pintura académica, surgieron autores independientes y autodidactas que produjeron una pintura popular. Ejemplos de ella son el guanajuatense Hermenegildo Busto y el tapatío José María Estrada. La inocencia de estos pintores refleja la cultura de grupos sociales poco favorecidos. Retratistas, casi siempre, se admiran en su obra finura y sutileza.

En 1871 llegaba a su fin el cuatrienio de Juárez de manera pacífica. A pesar de haber estado tantos años en el cargo presidencial, el político oaxaqueño sentía que todavía tenía más por hacer y decidió reelegirse aunque su salud estuviera mermada. Este hecho no hacía más que confirmar los ataques de sus críticos: Juárez se aferraba al poder.

Pero el presidente tenía contendientes. En primer lugar estaba Lerdo, quien pensaba que su momento había llegado. Hay que recordar que él fue uno de los principales colaboradores de Juárez como presidente de la Suprema Corte de Justicia y ministro de Relaciones Exteriores. Además, contó con el apoyo de algunos liberales como Manuel Romero Rubio, Mariano Escobedo, Francisco Leyva y Ramón Vargas.

En segundo lugar, estaba Porfirio Díaz, militar oaxaqueño con muchos seguidores quienes lo consideraban un héroe. Su grupo se oponía a todas las medidas que había llevado a cabo el gobierno juarista contra el ejército, asimismo, sus partidarios eran, en general, jóvenes dispuestos a suplantar al equipo de políticos civiles que estaban en el poder y que pertenecían a otra generación.

El 25 de junio de 1871 se llevaron a cabo las elecciones, en las que obtuvo mayor número de votos Benito Juárez, aunque no la mayoría absoluta; sin embargo, el Congreso votó por su reelección, y el nuevo periodo de gobierno inició oficialmente en octubre de ese año.

Lerdo volvió a las filas gubernamentales, convirtiéndose nuevamente en el jefe del Poder Judicial. En cambio, los resultados electorales no dejaron conforme a Díaz. Para los porfiristas, los comicios eran fraudulentos y la única forma de impugnarlos era a través de las armas. Así, hombres como Manuel Negrete y Donato Guerra se levantaron en contra de Juárez, al cual desconocieron como presidente.

Hasta el 9 de noviembre, Porfirio Díaz se pronunció con el Plan de la Noria, en el que se solicitaba que las elecciones fueran directas y personales y, justificaba su movimiento para impedir la perpetuidad de un individuo en el ejercicio del poder. Sus lemas eran

Sebastían Lerdo de Tejada fue el hombre que ocupó la presidencia luego del fallecimiento de Benito Juárez.

"Constitución de 1857 y libertad electoral" y "Menos gobierno y más libertades".

El levantamiento de la Noria tuvo poca convocatoria y casi estaba controlado cuando murió Benito Juárez. Víctima de un infarto al miocardio y en el Palacio Nacional, el también llamado Benemérito de las Américas falleció el 18 de julio de 1872.

El periodo lerdista

Sebastián Lerdo de Tejada quedó como presidente interino por ser la cabeza de la Suprema Corte. Para comenzar, ofreció la amnistía a los levantados de la Noria, aunque les retiraría sus cargos militares. Díaz y la mayoría de sus partidarios depusieron las armas y se sometieron al gobierno.

Acto seguido, Lerdo organizó un nuevo proceso electoral en el que él mismo se postularía y tendría como principal oponente a Díaz. Una vez más, éste no se vería favorecido por los comicios, en cambio, Lerdo obtuvo no sólo el triunfo, sino también la mayoría absoluta de los votos.

El periodo lerdista abarcó de 1872 a 1876. En su gabinete mantuvo a los miembros del equipo juarista: José María Lafragua en Relaciones Exteriores, Cayetano Gómez Pérez en Gobernación y Francisco Mejía en Hacienda, por mencionar algunos. Esta situación causó inconformidad entre los seguidores de Lerdo que desde hacía años esperaban que su líder llegara a la presidencia para acceder a algún cargo gubernamental. Varios de ellos se convirtieron en verdaderos enemigos del presidente. Sólo en vista de su posible reelección, Lerdo incluyó en su gabinete a algunos de sus antiguos partidarios.

En materia económica, la presidencia lerdista fue una continuación de su antecesora juarista. Durante este gobierno, por ejemplo, se concluyeron algunas obras públicas, como el ferrocarril México-Veracruz a finales de 1872.

En un inicio, Lerdo quiso erigirse como un presidente conciliador, no obstante, era de todos conocido su radicalismo liberal y tardó poco en mostrarlo, pues en septiembre de 1873 promulgó un decreto a través del cual incorporó las *Leyes de Reforma* al texto constitucional.

Por otro lado, en 1873 Lerdo ordenó la expulsión de la orden de los jesuitas del país, mientras que al año siguiente disolvió todas las instituciones que administraban las Hermanas de la Caridad, sobre todo los hospitales. Simultáneamente a estas medidas, el presidente permitió la entrada de otros grupos religiosos, todos ellos protestantes. La suma de estos actos despertó nuevamente los ánimos de los sectores católicos que temían la reanudación de hostilidades, precisamente lo que había tratado de evitar Juárez.

El jefe del Ejecutivo intentó tomar todo el poder en sus manos: controlar al Congreso, a los gobernadores estatales, a los jueces. Por eso, favoreció el fraude en las elecciones legislativas, para imponer en las cámaras a los candidatos que lo apoyaban.

No fue extraño, entonces, que empezaran a gestarse los primeros levantamientos contra el presidente Lerdo. En el occidente del país, por ejemplo, se organizaron motines cristeros, es decir, rebeldes que sentían que su religión había sido agraviada, por lo que desconocieron al gobierno y propusieron el establecimiento de una presidencia interina y la convocación de un nuevo Congreso Constituyente. Afortunadamente para el régimen, estas rebeliones fueron disipadas gracias a la intervención del ministro de Guerra, Mariano Escobedo.

En 1876 surgió un movimiento que se conoció con el nombre de "la Revolución Soñada", y que fue organizado por un grupo de políticos e intelectuales que criticaban al sistema desde años antes, como Vicente Riva Palacio, Sóstenes Rocha y Francisco Carreón. Entre sus quejas se encontraban la continua violación a la libertad electoral, el sometimiento ilegal de los poderes Legislativo y Judicial al Ejecutivo, la intervención presidencial en los asuntos de los estados y la suspensión de las obras públicas. Se repudiaba a las autoridades establecidas y se proponía la dirigencia a una persona que se encargaría de ocupar la presidencia provisionalmente y de organizar el proceso electoral, en el cual este individuo no podría postularse.

Como su nombre lo indica, la "Revolución Soñada" nunca se concretó, pues fue descubierta y desbaratada por el régimen de Lerdo; sin embargo, sentó un antecedente entre los opositores de este gobierno. Precisamente, uno de los personajes del que más se rumoraba era Porfirio Díaz, pues era de los pocos que podría derribar al presidente.

En este contexto se debe comprender lo sucedido a partir del Plan de Tuxtepec. Este documento fue proclamado el 10 de enero de 1876 en el distrito del mismo nombre, localizado en Oaxaca. Redactado por el mismo Riva Palacio, junto con Protasio Tagle e Irineo Paz, este plan criticaba a Lerdo y su gobierno, entre otras cosas, por haber otorgado concesiones ferroviarias a los ingleses. Además, se establecía el principio de no reelección como "ley suprema" y se invitaba a Díaz a comandar el movimiento. Si triunfaban los levantados, se convocaría a elecciones donde aquél no podría contender.

En marzo del mismo año, Díaz aceptó firmar la proclama tuxtepecana, pero realizándole algunas modificaciones que consis-

El Plan de Tuxtepec *logró derrotar a Sebastián Lerdo de Tejada
y a José María Iglesias.*

tían en ofrecer la presidencia provisional al presidente de la Suprema Corte de Justicia, es decir, a José María Iglesias. El objetivo de Díaz era que este funcionario, quien ya había mostrado intereses presidenciales, se uniera al movimiento y saciara, así, sus ambiciones políticas. Como era de esperarse, Iglesias rechazó la adhesión al Plan de Tuxtepec.

Esta segunda rebelión porfirista tuvo eco en diversas partes de la República. No obstante, el presidente Lerdo volvió a postularse para la presidencia en los comicios de 1876, en los cuales supuestamente triunfó, pero este hecho fue invalidado por el propio Iglesias, quien también se levantó en armas contra el sistema lerdista y, en virtud de su cargo, asumió el Poder Ejecutivo. Su sede gubernamental fue la ciudad de Querétaro.

Lerdo tuvo, entonces, que combatir en dos frentes. Desde el principio, decidió luchar primero contra Díaz. La batalla definitiva entre estos dos bandos se dio en Tecoac, Tlaxcala, el 16 de noviembre de 1876, y la victoria correspondió a los porfiristas. En consecuencia, Lerdo ya no se enfrentaría a los iglesistas, y dejó la presidencia y el país, mientras que Díaz entró a la ciudad de México a finales de ese mes.

Porfirio Díaz reiteró a Iglesias la adhesión a su movimiento, pero nuevamente éste se rehusó. El líder tuxtepecano designó como presidente provisional a Juan N. Méndez y se puso al frente de un ejército para combatir al ex jefe del Poder Judicial. El oaxaqueño logró que Iglesias no opusiera resistencia militar y permitió que saliera del país hacia Estados Unidos a inicios de 1877.

Con ello, Díaz ya no tenía rival alguno ni en el terreno militar ni en el político. Méndez organizó un proceso electoral que fue sólo un trámite para que el general liberal de casi 47 años se legitimara en la silla presidencial. Así comenzaba una nueva era en la historia del México decimonónico.

6

EL PORFIRIATO

Desarrollo político

Con la llegada de Porfirio Díaz y del grupo tuxtepecano al poder, empezó una etapa crucial en la historia de México que es conocida como el Porfiriato.

Durante los más de 30 años de existencia de este régimen, se continuó trabajando para consolidar el proyecto de nación iniciado por Benito Juárez en tiempos de la República Restaurada. Lo anterior implicó, como condición necesaria, la aplicación de una política de centralización del poder que, bajo el lema positivista de "orden y progreso", facilitara la pacificación del país.

Durante el inicio de su mandato, Porfirio Díaz se apoyó en el grupo de los "tuxtepecanos" para gobernar, pues ellos eran, en su mayoría, profesionistas de clase media que habían secundado el Plan de Tuxtepec, así como la revolución que de ella derivó y que permitió a Díaz llegar a la presidencia del país.

El proyecto de centralizar el poder político, omnipresente en el general oaxaqueño, se enfrentó al principio a dos obstáculos encarnados en la presencia de los caciques y los caudillos militares. Los primeros eran personas que sin tener el poder legal en una región, la controlaban y ejercían en ella una autoridad superior a la del gobernador, salvo en aquellos casos en los que tanto el cacique como el ejecutivo local eran la misma persona. Los caudillos eran individuos que, ya al interior del ejército o fuera del mismo, estaban dispuestos a levantarse en armas para defender sus intereses personales y no el proyecto de nación del gobierno porfirista.

Como ambos grupos aún tenían fuerza considerable, y no así el gobierno federal, el presidente se acercó a ellos para negociar. A cambio de su lealtad les permitió que eligieran a sus gobernadores, les dio libertad de acción —siempre que ésta no atentara contra los intereses de Díaz—. Si bien un número importante de caciques y de caudillos estuvo de acuerdo en pactar con el régimen, hubo otros que no quisieron conceder ni un ápice de su autonomía. Cuando se suscitaron este tipo de situaciones, Díaz no tuvo reparo alguno en reprimir a los rebeldes a través del uso de las armas.

A pesar de que el Ejecutivo era miembro del ejército y de que contaba con muchas simpatías entre sus filas, es importante señalar que había oficiales que por su militancia iglesista o lerdista estaban en contra de él. La posibilidad de crear un país estable, ordenado y en progreso, o bien de tener una nación caótica, inestable y empantanada estaba en manos de los militares; por ello, Díaz depuró a este cuerpo eliminando, ya fuera a través de encarcelamientos, de fusilamientos y de jubilaciones, a todos aquellos mandos de cuya fidelidad dudara.

Con el paso de los meses quedó en evidencia que la buena voluntad mostrada por los tuxtepecanos no era suficiente para gobernar un país tan complejo como México, y que la única opción viable era incorporar en el gobierno a aquellos que tuvieran experiencia política. Fue entonces cuando Díaz inició una campaña de conciliación con el bando lerdista que derivó en el establecimiento de una alianza entre el presidente y Manuel Romero Rubio, líder del lerdismo, y que tuvo su punto culminante en 1881 cuando Díaz se casó con Carmen Romero Rubio, hija de Manuel.

A lo largo del siglo XIX el campo mexicano se había caracterizado por ser un foco de inestabilidad, pues cuando no eran los indígenas los que se rebelaban, los plagiarios y bandidos sembraban la inseguridad por los caminos. Para estos grupos no hubo conciliación por parte del gobierno federal, sólo represión. Convencido de que era mejor derramar un poco de sangre para salvar mucha, Díaz no mostró misericordia con tales grupos, y fue cuando se hizo célebre su frase "mátenlos en caliente". Sin juicio alguno y al margen de la legalidad, los campesinos, bandoleros, asaltantes… fueron ajusticiados y sus cadáveres exhibidos en lugares concurridos a manera de advertencia.

Sin embargo, tres años de gobierno fueron poco tiempo para que estos y otros proyectos (vinculados con el debilitamiento de los poderes locales y federales a favor del Ejecutivo) pudieran lle-

El general Porfirio Díaz permaneció en la presidencia mexicana poco más de 30 años.

gar a buen fin o siquiera iniciar. El año de 1880 había llegado y con él la efervescencia política, pues se trataba de un periodo electoral. Para muchos, la duda era saber si Porfirio Díaz sería fiel al Plan de Tuxtepec y dejaría el poder o, por el contrario, transformaría las leyes para continuar ocupando la silla presidencial.

No resulta extraño pensar que Díaz quisiera seguir siendo el presidente del país; sin embargo, consideró que lo más prudente era ser fiel al espíritu tuxtepecano y permitir que otro ocupara su lugar. Cuando se hizo del dominio público lo anterior, en el seno de la sociedad se desataron una serie de especulaciones sobre quién sería el sucesor.

Cierto es que entre los seis políticos que se postularon como candidatos a la presidencia, había uno por el que Díaz sentía especial predilección: su compadre Manuel González. No sólo le consiguió el respaldo de diferentes sectores sociales y políticos, también permitió que el día de las elecciones se diera una serie de irregularidades (quema y embarazo de urnas, coacción para ejercer el

*El compadre de Díaz, el
"manco" Manuel González,
fue presidente entre 1880 y
1884.*

voto...) que permitieron al *manco* —como era apodado González—
quedar como candidato electo para el periodo 1880-1884.

En materia política, su gobierno fue continuista pues, al igual
que su antecesor, trabajó a favor de la pacificación y de la centralización del poder. Sin embargo, la administración de González fue
de grandes contrastes pues mientras que en algunos puntos, como
la creación de un gabinete más homogéneo y consolidado o el sometimiento de los caciques de Jalisco, Puebla y Zacatecas, superó
con creces a la de Díaz, sus errores en materia política y económica
descollaron frente a los cometidos por el oaxaqueño.

Prosiguió con la política de fraudes electorales, de imposición
de candidatos, de remoción de gobernadores, de intervención en
los menesteres de los gobiernos locales y de limitación de la libertad de expresión. Todas estas prácticas le hicieron ver a los ojos de
la sociedad como un personaje muy parecido a Sebastián Lerdo de
Tejada, cuyo recuerdo aún estaba muy fresco y, en consecuencia,

mermaron su imagen pública. Tal vez éste fuera un problema más de forma que de fondo, pues si bien Díaz fue amigo de los mismos usos, también es cierto que fue un poco más discreto al llevarlos a cabo. A lo anterior tampoco favoreció la vida un tanto disipada del funcionario público, así como el inexplicable enriquecimiento de él y de sus amigos.

Durante el presente cuatrienio, Porfirio Díaz se retiró a Oaxaca, su tierra natal, para dedicarse a la tierra, a la ebanistería, a formarse como político (entre 1881 y 1883 fue gobernador del Estado), y a ver cómo Manuel González se debilitaba poco a poco. Su matrimonio con "Carmelita" Romero Rubio en esta época le permitió refinar sus modales y su lenguaje —del que jamás logró erradicar palabras como *jué* y el *máis*— e iniciarse en el mundo del "alto roce social" en el que no participaba frecuentemente por su frivolidad, pero del que reconocía su incalculable valor político.

A finales de 1883 prevalecía un ambiente preelectoral por demás interesante. La sociedad percibía que el gonzalismo no estaba en condiciones de asegurar su continuidad en el poder pues, por un lado, la imagen pública de su líder estaba muy desgastada y el aún presidente gozaba de poca credibilidad y, por el otro, no podía ofrecer algún sucesor porque no había ni un solo político con la fuerza suficiente para asumir dicho papel. Fue entonces cuando comenzó a pensarse en Porfirio Díaz como el único capaz de ocupar la presidencia y de corregir el rumbo que había tomado el país. Empezaba a ser considerado como el salvador de la patria y ello le agradaba.

González no era ajeno a este sentimiento. En una entrevista que sostuvo con Díaz en 1883, el general oaxaqueño le aseguró que no tenía aspiración política alguna. *"El Manco* abre y cierra los cajones de su escritorio. Porfirio le pregunta: '¿Qué está haciendo, compadre?' A lo que González responde: 'Buscando al tarugo que se lo crea, compadre'".[33] En consecuencia, procedió a reformar la Constitución para que contemplara la reelección no continua del ejecu-

---

[33] Enrique Krauze, *Porfirio Díaz. Místico de la autoridad*, México, Fondo de Cultura Económica, 1987, p. 42.

tivo federal. Así se establecía la "ficción democrática" de la que habla el investigador francés François-Xavier Guerra, pues había "[...] la tranquila seguridad de un régimen aceptado que, sin cesar, viola los principios que invoca [...]".[34]

Aunque el cambio anterior era contrario al Plan de Tuxtepec, lo cierto es que la clase política y económica dominante en el país lo aceptó gustosamente, tal y como lo demuestran los resultados electorales de 1884 en los que Díaz obtuvo 15,776 votos contra los 289 de sus opositores.

A partir de 1884 comenzará la consolidación del régimen porfirista, pues no sólo se continuó con la centralización del poder, para entonces personalizado en la figura del propio Díaz, sino que también se llevó a cabo una política de conciliación con la Iglesia católica. El matrimonio religioso del presidente con Carmelita fue un paso importante en cuanto a que facilitó el acercamiento entre el poder espiritual y el poder terrenal. Sin firmar tratado alguno y sin suprimir las *Leyes de Reforma*, se acordó que mientras que la Iglesia no se involucrara en materia política, el Estado se abstendría de tomar medidas que la afectaran. Se inauguró una época de buen entendimiento y de colaboración entre ambas instituciones que perduró, con sus altibajos, hasta el inicio de la Revolución mexicana.

Desde un inicio, el presidente dio muestras de que la "mano dura" sería la característica de su régimen. A través de una combinación poco habitual de legalidad e ilegalidad, comenzó a ejercer un control casi total sobre los poderes Legislativo y Judicial, de tal suerte que sólo accedían a los cargos de magistrado, diputado y senador aquellas personas que él deseaba. De igual manera sucedió con los gobernadores, pues aquellos que no se sometían a la voluntad del Ejecutivo eran eliminados políticamente y sustituidos por otros incondicionales.

Gracias a que era un político pragmático, Díaz tuvo la idea de que a los enemigos peligrosos había que tenerlos cerca para saber

---

[34] François-Xavier Guerra, *México: del Antiguo Régimen a la Revolución*, Tomo I, México, Fondo de Cultura Económica, 1988, p. 11.

Los eficientes y temidos "rurales" fueron creados por Porfirio Díaz para combatir el bandolerismo.

qué tramaban y podérseles anticipar. Fue así como se rodeó de lerdistas como Mariano Escobedo, de iglesistas como Felipe Berriozábal y hasta de monárquicos como Manuel Doblán.

Este constante tránsito entre el cumplimiento de las leyes y el actuar al margen de las mismas, no pasó desapercibido para la prensa independiente. Voces como la de *El Monitor Republicano* vertieron sus críticas contra el régimen de Díaz, quien respondió a través de una serie de cambios en el marco jurídico para encarcelar a quienes publicaran artículos contrarios al gobierno, y prohibió la circulación de periódicos que atacaran a la autoridad. Precisamente fue así como inició una época de persecución y represión contra los periodistas en el país.

Al inicio de 1888 se gestaron una serie de debates en el Congreso en torno al asunto de la reelección del presidente. No es que se pusiera en duda la continuidad de Díaz en el poder, por el contrario, se discutían las condiciones para facilitar su permanencia. En el Poder Legislativo existían dos posturas. La más conservadora hablaba de la reelección pero sólo para el periodo inmediato; en cambio, la radical deseaba la reelección continua e indefinida. Finalmente terminó imponiéndose la primera.

Este tercer mandato de Díaz se destacó por ser aquel en el que se consolidó como un dictador que poseía dos venas: la autoritaria y la paternalista. Cuando fue necesario, no dudó en echar mano del ejército para acabar con los levantados o para aniquilar pueblos enteros como sucedió con Tomochic en 1892. Pero también se veía a sí mismo como el padre de los mexicanos, de todo un pueblo de menores de edad que sin él estaban perdidos. Alguna vez comentó:

> Los mexicanos están contentos con comer desordenadamente antojitos, levantarse tarde, ser empleados públicos con padrinos de influencia, asistir a su trabajo sin puntualidad, enfermarse con frecuencia y obtener licencias con goce de sueldo [...] gastar más de lo que ganan y endrogarse con los usureros para hacer 'posadas' y fiestas onomásticas.[35]

---

[35] E. Krauze, *Op.cit*, pp. 80-81.

*Los "científicos" estaban bajo la dirección de
Ives Limantour.*

En 1892, los colaboradores más cercanos al presidente organizaron la Unión Liberal para que se encargara de todo lo relacionado con la reelección presidencial, labor que más allá de postular como su candidato al militar y político oaxaqueño, consistió en promover la reforma constitucional para quitar las pocas trabas que aún limitaban la reelección del Ejecutivo Federal. Hecho lo anterior, Díaz rompía completamente con el Plan de Tuxtepec que había usado como bandera política 16 años atrás.

Esta reelección del general Díaz implicó el fortalecimiento de un nuevo grupo político conocido como el de los "científicos" por considerar, gracias a la influencia de las ideas positivistas, que la ciencia podría solucionar los males que aquejaban a la sociedad. Todos ellos eran jóvenes profesionistas provenientes de familias acaudaladas que fueron llamados por el presidente para ocupar los cargos más importantes en el gobierno mexicano.

Díaz jamás compartió con ellos el poder, es más, procuró limitar su libertad lo más posible, ya que, en realidad, no los quería como colaboradores, más bien como intermediarios capaces de atraer los grandes capitales nacionales y extranjeros. Por su parte, a los científicos ello no les molestaba pues, a cambio, se les permitió hacer uso de sus cargos para obtener beneficios económicos. Y es que para este grupo, los asuntos administrativos eran más importantes que los políticos.

Una cuestión que comenzaba a preocupar a la clase política era la edad del presidente, 66 años, pues para los parámetros de la época se trataba de una persona longeva, por lo que se pensó en crear el cargo de vicepresidente para que quien lo ocupara fuera preparado por el presidente para sucederle; sin embargo, un Díaz bastante receloso y desconfiado se opuso tajantemente a ello, de tal manera que se decidió que, en caso de que faltara el ejecutivo nacional, fuera el encargado de la Secretaría de Gobernación quien ocupara su lugar.

Las elecciones de 1896 son un buen termómetro del ambiente político de la época pues, aunque los porfiristas realizaron varios mítines en todo el país, fueron pocos los votantes que concurrieron a las urnas. En realidad, la sociedad ya estaba cansada de ver cómo esta historia de fraudes y de simulaciones se repetía cada cuatro años.

El final de la década de los 90 siglo xix fue una época en la que se puso en evidencia que esa paz social existente, tan exaltada por el régimen porfirista, se encontraba construida sobre cimientos débiles. Varios levantamientos campesinos estallaron en el norte, centro y sur de México como consecuencia del despojo y de los abusos que sufrían a manos de los latifundistas, y todas estas manifestaciones de descontento culminaban de la misma forma: eran reprimidas por las autoridades locales.

Las elecciones de 1900 prometían ser diferentes, pues hubo quienes comenzaron a ver en el general Bernardo Reyes, Secretario de Guerra y Marina, y en José Ives Limantour, Secretario de Hacienda, a dos posibles sucesores de Porfirio Díaz.

El presidente sabía muy bien que aunque lo negaran, ambos aspiraban a sucederle en el cargo. Si bien los tenía en buena estima, tampoco deseaba que obstaculizaran su reelección, así que trabajó para enemistarlos a través de una serie de periodicazos y de declaraciones ambiguas que llevaron a los dos políticos a un enfrentamiento público que los debilitó tanto que, llegado el momento de las elecciones, Porfirio Díaz pudo reelegirse por quinta vez.

Este cuatrienio transcurrió con relativa calma, pues fueron pocos los levantamientos suscitados y se procedió a encarcelar rápidamente a todos aquellos opositores políticos que comenzaban a dar molestias. El gobierno pensó que al fin las tensiones sociales estaban cediendo su lugar y que la paz social se afianzaba día con día; sin embargo, se confundió la calma con la disconformidad silenciosa.

En 1903, Porfirio Díaz aceptó, cansado del tema, la creación del cargo de vicepresidente con dos condiciones: que él pudiera escogerlo y que se ampliara el periodo presidencial a seis años. Los científicos aceptaron inmediatamente.

Un año más tarde, el general oaxaqueño ordenó la creación del Partido Nacionalista para que lo postulara como candidato a la presidencia, además, se encargó de escoger a Ramón Corral como vicepresidente, pues era un político desconocido que a todas luces se veía que iba a cumplir el papel de títere de Díaz. A pesar de su disconformidad, los científicos no dijeron nada.

Los años comprendidos desde 1904 hasta 1910 fueron de una gran vida política en México. Las muestras de descontento fueron crecientes y el gobierno tuvo que gastar gran parte de sus energías para acallarlas. Entre 1906 y 1907 los obreros de Cananea y de Río Blanco se fueron a la huelga en una acción que era ilegal entonces y que fue finiquitada a través de las armas. De igual forma, pensadores liberales como los hermanos Flores Magón, Camilo Arriaga y Francisco I. Villarreal fueron perseguidos por denunciar las injusticias que se vivían en el país y por pedir la instauración de un gobierno democrático.

En el marco de un régimen político que estaba en descomposición, Díaz sorprendió a propios y extraños cuando en 1908 aseguró al periodista norteamericano James Creelman que México era un país maduro y que, terminado su periodo presidencial, se retiraría de la política. Los más descontentos con estas declaraciones fueron los científicos quienes, por primera vez, disentían con el presidente, pues alegaron "la necesidad de asegurar la administración, poniéndola a salvo de cualquier sobresalto político".[36]

Dicha declaración fungió como una válvula de escape, —ya que todos los disconformes tomaron la palabra al presidente y comenzaron a fundar sus propias organizaciones políticas. De todas ellas, fue la creada por Francisco I. Madero bajo el principio de *Sufragio efectivo, no reelección*, el Club Central Antirreeleccionista, la que más destacó. Madero era un hombre convencido de que lo que necesitaba el país era un cambio en sus estructuras políticas que le permitiera gozar plenamente de una vida democrática.

En 1909 el panorama cambió. Ya fuera por arrepentimiento o porque jamás lo quiso, Díaz se retractó de la promesa realizada el año anterior y, a través del Club Central Reeleccionista, se postuló para la que sería su sexta reelección; sin embargo, y a diferencia de las otras ocasiones, en ésta se enfrentaba a una oposición fuerte

---

[36] A. Lira, *Op.cit.*, p. 149.

"Sufragio efectivo, no reelección"
fue el lema del partido de
Francisco I. Madero.

encabezada por un Madero que había canalizado todo el descontento contra el continuismo a su favor.

La única forma que Díaz encontró para vencer a su rival fue mandándolo encarcelar para eliminarlo de la contienda por el Poder Ejecutivo y, en junio de 1910, Madero y algunos de sus colaboradores fueron aprehendidos en Monterrey bajo los supuestos cargos de sedición y de ofensas a la autoridad, y mandados recluir en el penal de San Luis Potosí.

Eliminada la oposición, Díaz volvió a triunfar en las urnas y, como muestra de buena voluntad hacia su rival, autorizó la liberación del mismo. El tiempo transcurrido en la cárcel hizo ver a Madero que la única opción viable para el cambio en México era la que ofrecían las armas. Así que, una vez libre, se refugió en San Antonio, Texas, y redactó el Plan de San Luis en el que, entre otras tantas propuestas, desconocía los poderes nacionales y convocaba a los mexicanos a que se levantaran contra el gobierno el 20 de noviembre de ese mismo año.

*El descontento político, entre otros factores, fue causa
del fin del Porfiriato.*

En realidad, el movimiento revolucionario tomó fuerza hasta 1911 cuando gente como Pascual Orozco, Pancho Villa, Emiliano Zapata, Benjamín Hill y otros líderes se unieron al mismo. Cuando el ejército federal mostró su incapacidad para contenerlos, Díaz, a diferencia de lo que habitualmente había hecho, recurrió a la política. Pasó al Congreso una serie de disposiciones en las que establecía el principio de la no reelección, el reparto agrario, el respeto a la autonomía de los poderes Judicial y Legislativo y otra serie de puntos destinados a calmar los ímpetus exaltados. Sin embargo, nadie confió en él pues, a final de cuentas, ¿por qué habían de creerle esta vez si ya había faltado a su palabra con la cuestión de la reelección?

El 10 de mayo, Madero tomó Ciudad Juárez y fue nombrado presidente provisional del país, hecho que bastó a Díaz, que se sabía perdedor del conflicto, para que negociara con el revolucionario su salida del poder. Tras una serie de pláticas, se acordó que el general renunciara al Ejecutivo Federal a cambio de que abandonara inmediatamente el país. El día 25 presentó a la Cámara de Diputados una carta de renuncia en la que afirmaba: "No conozco hecho alguno imputable a mí que motivara este fenómeno social [la Revolución]; pero permitiendo, sin conceder, que pueda ser un culpable inconsciente, esa posibilidad hace de mi persona la menos a propósito para raciocinar y decir sobre mi propia culpabilidad".[37]

Hecho lo anterior, salió rumbo a Veracruz donde se embarcaría, el 30 de mayo de 1911 con destino a Europa, en donde habitaría hasta el 2 de julio de 1915, fecha de su muerte. Los últimos años de vida los pasó en su adorado París rodeado por gran parte de su familia. Acostumbraba recibir visitas de mexicanos que le ponían al tanto de lo que sucedía en su querido México; sin embargo, hasta el último de sus días guardó cierto rencor hacia el pueblo mexicano, mismo que hacía patente con frases como: "Me siento herido, una parte del país se alzó en armas para derribarme y la otra se

---

[37] Gustavo Casasola, *Biografía ilustrada del general Porfirio Díaz*, México, Editorial Gustavo Casasola, 1975, p. 147.

cruzó de brazos para verme caer. Las dos me eran deudoras de una porción de cosas".[38]

Situación económica

Uno de los pilares más fuertes en los que se sustentó la dictadura de Porfirio Díaz fue el del desarrollo de la economía nacional. Visto de esta forma, las clases alta y media estuvieron de acuerdo por varios años en no ejercer plenamente sus derechos políticos a cambio de la prosperidad material con la que el régimen les beneficiaba.

Desde su primera presidencia, Díaz deseaba equilibrar las finanzas públicas para poder erradicar el déficit que siempre había acompañado al país a lo largo de su historia independiente. Si bien poco pudo hacer al respecto, lo cierto es que el gobierno de Manuel González echó por tierra lo conseguido, ya que se caracterizó por ser despilfarrador y poco honesto en el manejo de los recursos estatales. Para paliar esta situación, complicada además por el hecho de que a raíz del fusilamiento de Maximiliano ningún país mostraba disposición para brindarle préstamos a México, la administración gonzalista se vio en la necesidad de renegociar la deuda inglesa y, así, retardar el pago de los intereses; sin embargo, la transacción fue poco afortunada pues, a cambio de lo anterior, se reconoció un adeudo mayor al real.

Una vez de regreso en el poder, Díaz retomó su proyecto y, para poder llevarlo a cabo, puso en práctica una política financiera basada en la disminución de los gastos gubernamentales, el aumento de las importaciones y de todos los impuestos. Fue hasta 1894, y gracias a la mano de José Ives Limantour, cuando al fin se logró generar un superávit que permitió, además del ahorro interno, el pago de las deudas contraídas por el país durante el siglo XIX. En 1910, y a pesar de la crisis mundial de 1907, las reservas internacionales del país alcanzaron los 86 millones de pesos.

---

[38] E. Krauze, *Op. cit.*, p. 146.

Gran parte del éxito financiero del Porfiriato se debió a la llegada de los capitales extranjeros al país. La confianza emanada por el régimen, aunada a los logros en la lucha contra aquellos que intentaban alterar el orden y en la centralización del poder, crearon un ambiente favorable para que los inversionistas de otras naciones perdieran el temor de traer sus capitales al país.

Cuando las inversiones comenzaron a fluir en mayores cantidades, el gobierno optó por favorecer a las europeas, principalmente a las inglesas, las alemanas y las francesas, como una medida para dejar de depender económicamente de Estados Unidos, nación en la que Porfirio Díaz confiaba poco.

Un elemento a destacar es que los capitales foráneos no se invirtieron en unos pocos rubros, por el contrario, se diversificaron al penetrar en ámbitos tan variados como el ferrocarril, la minería, el petróleo, la banca, los servicios públicos, los bienes raíces, la industria, el campo y el comercio.

Fue durante la administración de Manuel González que el sistema bancario mexicano comenzó a tomar forma gracias a los capitales franceses, españoles e ingleses, principalmente. En 1881 se fundó el Banco Nacional Mexicano (hoy Banamex) y, un año después los bancos Hipotecario, de Empleados, Mercantil y Agrícola.

Con el paso de los años fueron surgiendo más bancos que eran prueba patente del interés que los extranjeros mostraban en México, así como del buen desarrollo de la economía nacional. Es importante destacar que la existencia de este sistema bancario favoreció el establecimiento de más industrias y negocios durante el Porfiriato.

Llegó un momento en el que casi todos los estados de la Federación pudieron contar con un banco propio, o bien, con uno que representaba a otras entidades. Fue así como en 1897 el gobierno expidió la *Ley General de Instituciones de Crédito*, junto con la *Ley Bancaria* para darle orden a este sistema financiero que se estaba afianzando y que sería uno de los ejes fundamentales del desarrollo económico de México durante la época.

La historia de nuestro país durante su pasado virreinal había girado en torno a la minería; sin embargo, el contexto social, político y financiero del país en el siglo XIX había impedido que este rubro retomara el vigor que la había caracterizado tiempo atrás.

Desde 1877, Díaz tuvo la intención de reorganizar la minería para incrementar su productividad y obtener más ingresos por concepto de exportación. Hasta 1889 se continuó con el modelo tradicional de explotación, es decir, sólo se fomentó la extracción de minerales preciosos —oro y plata— por ser los que más ganancias generaban.

La década de los 90's generó cambios al respecto pues, el establecimiento de un mayor número de industrias favoreció la explotación de otro tipo de minerales como el plomo, el cobre y el hierro que estaban íntimamente ligados con la producción industrial.

En esa época se creó la *Ley de Minas* que otorgaba la propiedad del subsuelo a los particulares. Con ella se deseaba dar certeza a los extranjeros de que sus inversiones en este ámbito económico estarían seguras y serían rentables y, aunque el gobierno mexicano sólo obtenía una magra ganancia por concepto de la venta de la propiedad, pues no cobraba impuestos sobre la explotación de las minas, se consideraba que ello ya era en sí todo un logro; se creía que era mejor obtener beneficios, por muy pingües que éstos fueran, a ser dueños de las minas sin sacar provecho alguno.

Al inicio del siglo XX comenzaron a establecerse compañías norteamericanas, inglesas y holandesas, principalmente, que perforaron los primeros pozos petroleros en San Luis Potosí, Tamaulipas y Veracruz con el apoyo del régimen mexicano y protegidos por la citada *Ley de Minas*.

El ferrocarril siempre ejerció una gran fascinación entre Díaz y quienes le rodeaban por ser un medio que favorecería la unificación física de México, la creación de un mercado nacional y el traslado rápido de mercancías, personas y soldados. En otras palabras, era el vehículo para alcanzar el progreso.

Si bien la construcción del ferrocarril había iniciado desde tiempos de Juárez, fue con Díaz cuando alcanzó un mayor auge, pues se dio todo tipo de libertades a los constructores con tal de que terminaran de levantar lo antes posible las líneas férreas. En 1890 se emitió la *Ley General del Ferrocarril* para regular todo lo relacionado con este medio y, en particular, la cuestión de las concesiones —que tendrían una duración máxima e improrrogable de 99 años—. Además, en 1891 se creó la Secretaría de Comunicaciones y Obras Públicas, lo cual era muestra de lo importante que era para el Estado porfirista el desarrollo de éste y otros medios, como los puertos marítimos.

Por lo mismo, las autoridades del país procuraron que ninguna empresa o nación monopolizara su construcción y su manejo, y cuando se tuvo la oportunidad, allá en 1908, se procedió a nacionalizar, con las reservas generadas por el superávit, el 51% del sistema ferroviario nacional, aunque estudiosos como el mexicano Carlos Marichal cuestionan si esta medida fue una buena inversión, pues aumentó la deuda externa.[39]

Durante el Porfiriato, México entró de lleno en el mundo de la industrialización. Desde el final de la segunda presidencia de Díaz se fundaron compañías telegráficas, deslindadoras, mineras... con capitales nacionales, mientras que las extranjeras iban creciendo y, al hacerlo, desplazaban a los negocios de tipo familiar. Otras empresas de la época también se constituyeron con capitales mixtos, es decir, tanto mexicanos como foráneos, y algunas de ellas tuvieron un éxito contundente.

El crecimiento industrial también fue un aliciente para la importación de tecnología moderna, un vacío importante en la historia nacional. Empresas textiles, peleteras, destileras, cigarreras y otras más vieron incrementada su productividad gracias a la llegada de nuevas y mejores máquinas que eran capaces de procesar la materia prima en menos tiempo.

Uno de los grandes problemas que el país había presentado a lo largo del siglo XIX era el de la insuficiente producción agrícola, lo que para Díaz era resultado de la suma de dos problemas: la propiedad comunal y la preponderancia de los indígenas en el campo mexicano. Desde esa óptica, la única solución viable consistía en fomentar la inmigración europea.

---

[39] *Cfr.* Carlos Marichal, "La deuda externa y las políticas de desarrollo económico durante el Porfiriato: algunas hipótesis de trabajo", en Fernando Rozenweig y otros, *Pasado y presente de la deuda externa de México*, México, Instituto Mora/El Día, 1988, pp. 85-101.

Para poder dotar de tierras a los nuevos colonos, se pensó en recurrir a las que no tuvieran propietario, de ahí que en 1883 se expidiera la *Ley de Colonización y Deslinde de Terrenos Baldíos*. A través de ésta se creaban compañías deslindadoras nacionales y extranjeras[40] y se otorgaban una serie de privilegios, como exenciones fiscales e incentivos económicos, para todos aquellos europeos que adquirieran estas tierras.

En realidad, esta política no tuvo éxito, pues fueron pocos los extranjeros que vinieron a México y aún menos los que se asentaron en el campo. Curiosamente, quienes más se beneficiaron del trabajo de estas compañías fueron los latifundistas porque comenzaron a adquirir propiedades sin que el Estado les pusiera algún límite. Con el transcurso del tiempo, los grandes propietarios no sólo se convirtieron en una especie de aristocracia rural, también se erigieron como el anclaje de la agricultura mexicana.

Sin embargo, el fortalecimiento de los latifundios tampoco resolvió el problema del abasto de alimentos en México ya que, además de las características sequías e inundaciones, es un hecho que la mayoría de los propietarios se conformaban con sólo trabajar una pequeña porción de sus propiedades para producir lo necesario y disfrutar de una vida desahogada y lujosa.

Relaciones internacionales

Cuando Porfirio Díaz asumió la presidencia de México, debió afrontar el problema de ser reconocido por parte del gobierno de Estados Unidos, pues las autoridades norteamericanas aseguraban que la llegada de Díaz al poder había sido producto de la revolución de Tuxtepec y no del proceso electoral de 1877 y que, en consecuencia, no podía ser considerado como el presidente legítimo de México.

Tras una serie de negociaciones, el gobierno norteamericano supeditó su reconocimiento a Díaz al cumplimiento de tres condiciones: que pagara los daños sufridos por los ciudadanos estado-

---

[40] Que recibían como pago una tercera parte de las tierras deslindadas.

El latifundismo fue base del desarrollo agrícola, pero también del despojo y la explotación padecidos por los campesinos.

unidenses a raíz del levantamiento de Tuxtepec, que pacificara la frontera norte, y que se comprometiera a no exigir préstamos forzosos a los residentes norteamericanos en México. Aceptadas estas peticiones, Estados Unidos reconoció al ejecutivo nacional.

Para Díaz era trascendental que el país ampliara sus relaciones exteriores, principalmente con las naciones europeas que, desde el fusilamiento de Maximiliano en 1867, habían roto todo vínculo diplomático. Según el presidente, mientras Europa estuviera más involucrada en México, sería más difícil que Estados Unidos interviniera en la política interna y ejerciera presión sobre el país.

Lo anterior no implica que las relaciones entre México y Estados Unidos fueran tensas y frías; por el contrario, con el transcurso del tiempo, y salvo contados momentos, éstas fueron propicias para crear un ambiente de franca cooperación y de entendimiento entre ambas naciones.

Poco a poco Italia, España, Francia, Gran Bretaña, Alemania y otros países del Viejo Continente reavivaron sus vínculos con México como un reconocimiento a la labor realizada por el presidente en favor de la pacificación y estabilización política del país, pero también, es importante reconocerlo, por los beneficios económicos que esperaban obtener.

No obstante lo anterior, el régimen tuvo que afrontar algunos problemas con el extranjero de los que no siempre salió bien librado. En tiempos de Manuel González, el gobierno guatemalteco exigió a su similar mexicano que le devolviese Chiapas y El Soconusco, sin considerar que ambas regiones se habían adherido al país de manera voluntaria en 1824. Sólo la intervención de Estados Unidos logró que la nación centroamericana desistiera de sus demandas.

En 1897, el régimen se vio obligado a firmar un tratado con Gran Bretaña por el que renunciaba a reclamar sus derechos sobre Belice, región ocupada por los británicos en el siglo XIX, y que desde la independencia nacional había sido demandada por México.

En 1910, las postrimerías del Porfiriato, fue motivo de polémicas el hecho de que Díaz no quisiera prorrogar al gobierno norteamericano la concesión de la Bahía de Magdalena, así como haber dado asilo político al presidente nicaragüense Santos Zelaya, quien había sido depuesto gracias a la intervención estadounidense.

Sociedad

El México porfiriano fue el de las grandes diferencias sociales. No es que éstas no existieran antes, por supuesto que siempre han acompañado a la historia del país, pero con la llegada al poder de Porfirio Díaz y la instauración de un régimen económico liberal, se marcaron mucho más.

Los latifundistas, comerciantes, industriales, banqueros y mineros, tanto nacionales como extranjeros, conformaban la clase acomodada. Vivían en los centros urbanos más importantes del país rodeados de todo lujo y copiando un estilo de vida muy apegado al europeo. Particularmente, los ricos mexicanos profesaban un notorio gusto por viajar a Europa y por despilfarrar la riqueza generada por sus negocios.

El Porfiriato presenta un fenómeno interesante porque favoreció la pronta acumulación de grandes capitales en muy pocas manos. De la noche a la mañana, hubo algunos afortunados repartidos en todo el territorio nacional que pudieron hacerse de sumas considerables bajo el cobijo de un gobierno que siempre procuró favorecerlos y protegerlos. Sobre todo, el presidente Díaz desempeñó:

> [...] la mediación de intereses para favorecer el aprovechamiento de los recursos naturales y humanos de los estados con el fin de que ninguno de ellos fuera excluido de los beneficios de los cuantiosos negocios que interesaban en estos años a la vida económica de México.[41]

---

[41] Elisabetta Bertola, Marcello Carmagnani y Paolo Riguzzi, "Federación y estados: espacios políticos y relaciones de poder en México (siglo XIX)", en Jaime E. Rodríguez (editor), *The evolution of the mexican political system*, Washington, Scholary Resources Inc. Imprint, 1993, p. 248.

La mano de obra, aquella que trabajaba de sol a sol para generar esta riqueza de la que no veía nada, salvo algunas migajas, habitaba primordialmente en el campo y tenía un nivel de vida bastante magro.

Pocos fueron los campesinos que lograron impedir que las compañías deslindadoras, el gobierno o los latifundistas les despojaran de sus propiedades a través de un entramado de complicidades y de ilegalidades.

Aquellos que no tuvieron tanta fortuna, terminaron por incorporarse como peones en las haciendas, donde tenían que soportar largas jornadas laborales, castigos corporales, sueldos miserables y deudas eternas en las tiendas de raya.[42] La situación en las haciendas del sureste era peor, ya que en ellas existía *de facto* esa esclavitud que la Constitución de 1857 tanto enfatizaba en prohibir.

Algunos campesinos que tenían la oportunidad, emigraban a los centros urbanos para encontrar mejores condiciones de vida. Nada más lejos de la realidad, pues quienes se empleaban en una fábrica lo hacían por un sueldo muy bajo a cambio de trabajar más de 15 horas diarias y con la posibilidad de que al contraer alguna enfermedad o de sufrir un accidente laboral, quedarían despedidos sin contemplación ni liquidación alguna.

Otros, en cambio, se empleaban como personal doméstico en las lujosas casa de la colonia Roma, de Mixcoac o de Reforma para percibir un sueldo mayor que el de los obreros, pero igualmente insuficiente, tener un techo y comida a cambio de ceder su vida al señor y a la señora de la casa.

También hubo campesinos que al llegar a las ciudades se enrolaron en las huestes de los famosos «pelados» para ser pobres pero libres, vivir hacinados y de manera honesta gracias a la caridad de otros o de una forma no tan decorosa a través de la realización de algunos trabajos ligados al robo.

---

[42] En las tiendas de raya las deudas eran hereditarias.

Cultura

El Porfiriato puede ser concebido como uno de los momentos culminantes de las manifestaciones culturales en el México decimonónico y de inicios del siglo XX. Si bien las expresiones populares comenzaron a hacerse de un lenguaje propio y a ser consideradas como una parte importante de las tradiciones nacionales, también es necesario destacar que nuestra cultura estuvo en contacto con influencias extranjeras, como la francesa, que no sólo la marcaron, sino la enriquecieron considerablemente.

El gobierno de Díaz fue un entorno propicio para que se desarrollara el modernismo en las letras mexicanas. Con la fundación de la *Revista Azul* (1894) y de la *Revista Moderna* (1898) se abrieron sendos espacios para que una joven generación de literatos, especialmente de poetas, se dieran a conocer. Manuel Gutiérrez Nájera, Luis G. Urbina, Amado Nervo y José Juan Tablada son los representantes más característicos de esta corriente y gracias a ese espíritu prolijo que se manifestó en casi todos ellos, el patrimonio literario nacional se vio generosamente enriquecido.

Curiosamente, el género de la novela siguió en la línea del nacionalismo aunque a estas alturas ya son palpables algunas de las influencias del realismo, como lo demuestra la existencia de una temática vinculada con la vida en las haciendas, los conflictos morales de la clase media y las vicisitudes políticas por las que atravesaba el país. Algunos de los grandes novelistas de la época fueron, también, miembros del grupo de los científicos, tal y como sucedió con Emilio Rabasa y José López Portillo y Rojas.

Como se ha visto, el desarrollo económico generado en el Porfiriato repercutió en la aparición de nuevos grupos sociales y en el crecimiento de las ciudades. Las urbes fueron testigos del empleo de nuevos materiales de construcción, como el cemento y el hormigón. Con ellos, arquitectos europeos y mexicanos de la talla de Silvio Conti, Adamo Boari y Antonio Rivas Mercado, sólo por citar unos cuantos, no sólo construyeron, bajo la influencia del *Art Noveau*, viviendas para las clases acomodadas en nuevos barrios aristocráticos como la Roma y Mixcoac, sino que también edificaron bellos edificios para uso del gobierno como fueron los de la Secretaría de Comunicaciones y Obras Públicas (hoy Museo Nacional de Arte) y del Correo Mayor.

La pintura y escultura también compartieron una tendencia europeizante, aunque por tratarse de elementos urbanísticos ornamentales, sufrieron transformaciones más rápidas que las de la arquitectura. Por la calidad y realismo de sus obras, se puede asegurar que Jesús Conteras fue uno de los mejores escultores mexicanos de la época. En cuanto a la pintura, el Porfiriato fue testigo de la madurez artística del paisajista José María Velasco; mientras que Julio Ruelas sobresalió por la representación de aspectos más íntimos y personales, en tanto que José Guadalupe Posada destacó por su capacidad para plasmar en grabados e ilustraciones los aspectos más sobresalientes de la vida popular cotidiana.